CB051576

A DECISÃO - CRISTOS PLANETÁRIOS DEFINEM O FUTURO ESPIRITUAL DA TERRA

Copyright © 2017 by Samuel Gomes

1ª edição | Maio/18 | 1º a 3º milheiro
2ª reimpressão | Novembro/20 |5º a 5,5º milheiro

Dados Internacionais de Catalogação Pública (CIP)

LUIZ, ANDRÉ e XAVIER, CHICO (Espíritos)

A Decisão - Cristos planetários definem o futuro espiritual da Terra;
Pelo espírito André Luiz e Chico Xavier; psicografado por Samuel Gomes
1ª ed. - Belo Horizonte: Dufaux, 2018

211 pág. - 16 x 23 cm   ISBN: 978-85-63365-98- 9

1. Espiritismo   2. Espiritualidade   3. Relações humanas

I. Título   II. GOMES, Samuel

CDU — 133.9

Impresso no Brasil   Printed in Brazil   Presita en Brazilo

EDITORA DUFAUX
R. Contria, 759 - Alto Barroca
Belo Horizonte - MG, 30431-028
Telefone: (31) 3347-1531
comercial@editoradufaux.com.br
www.editoradufaux.com.br

Conforme novo acordo ortográfico da língua portuguesa ratificado em 2008.

AUTORES ESPIRITUAIS
ANDRÉ LUIZ E CHICO XAVIER

PSICOGRAFIA DE
SAMUEL GOMES

TRILOGIA
REGENERAÇÃO

A DECISÃO

CRISTOS PLANETÁRIOS DEFINEM O FUTURO ESPIRITUAL DA TERRA

Série
Regeneração

Dufaux
editora

SUMÁRIO

PRIMEIRA PARTE

SEGUNDA PARTE

PREFÁCIO

Primeiramente, gostaria de fazer dois esclarecimentos.

O primeiro é que o livro foi psicografado a quatro mãos, sendo André Luiz o autor dos dois primeiros capítulos e Chico Xavier do restante. Trata-se de uma obra extraordinária que une o trabalho do antigo médium, agora desencarnado, com os esforços do amigo espiritual que por décadas usufruiu das suas possibilidades mediúnicas.

O segundo é que este livro fecha a *Trilogia Regeneração*, de autoria espiritual de André Luiz, que é composta pelas obras *Futuro espiritual da Terra* e *Xeque-mate nas sombras – a vitória da luz*, todas psicografadas pelo médium Samuel Gomes.

Como editora, só tenho a agradecer à espiritualidade maior pela oportunidade deste trabalho. Ao entrar para o Espiritismo, há quase cinco décadas, tive nas obras de André Luiz, psicografadas pelo Chico, uma das bases para minha formação doutrinária. Jamais poderia imaginar que um dia veria o retorno dos ensinamentos desse espírito tão querido e, ainda, que me seria dada a bênção de participar da publicação dessas obras.

Quero deixar aqui o meu agradecimento a muitos companheiros, estudiosos da doutrina, que têm nos ajudado na revisão doutrinária das obras, para que elas não só preservem os princípios básicos do Espiritismo, mas também abram novas perspectivas para ampliar nossa visão sobre o momento pelo qual a Terra está passando, a caminho de sua regeneração.

Que esses preciosos esclarecimentos se transformem em recursos para ampliar nossa capacidade de amar.

Vivemos em um tempo em que o desenvolvimento dos sentimentos nobres é a base para grandes transformações.

Maria José da Costa
Março de 2018.

APRESENTAÇÃO

Que a paz de Jesus esteja sempre envolvendo nossos anseios de viver. Ela é o clima ideal que deve refletir a vida na Terra, uma vez que se estende para além dela e reina no universo infinito a representar a presença do Criador em tudo.

É chegado o tempo de concluirmos as escritas que envolveram meu coração como intérprete e médium da mensagem superior dos mentores da colônia que me abrigou e me orientou os passos. Especialmente Clarêncio, que coloco aqui como um verdadeiro anjo da guarda, que me recebeu e me acolheu na condição de tutelado de seu amor.

Agora, estou prestes a retornar à vida física, assim como o próprio Clarêncio também voltará em futuro breve.

Dentro da minha programação está o compromisso de exercer uma influência mais elevada junto de meu antigo pai, pois nascerei novamente como seu filho. Darei continuidade à influência espiritual superior que minha mãe da última reencarnação estará exercendo ao recebê-lo como filho.

Como neto dela, eu poderei contribuir com a renovação moral tanto do meu pai quanto de minhas tias, suas antigas companheiras de desvios, hoje abrigadas por minha abnegada mãezinha do passado, a fim de que a harmonia se estabeleça entre todos nós.

Volto também para cumprir a minha parte na responsabilidade que todos temos no processo de renovação pessoal e planetária.

Tenho a oportunidade de mostrar a todos os leitores a transitoriedade das coisas e dos traços que marcam as personalidades, pois me conheceram como um ser miserável de luz na busca por acordar a grandeza essencial do meu espírito imortal.

Lembro-me daqueles anos nos quais permaneci em pleno umbral[1], quando o orgulhoso médico e materialista convicto que fui se deparou com a realidade além da matéria para descobrir a sabedoria infinita de Deus.

Revivo com emoção a decadência do homem desiludido com seus princípios passageiros e colado ao chão, implorando o amparo e a abertura de novas oportunidades para que o filho pródigo retornasse à casa do Pai e O reencontrasse com os braços abertos, a restituir minha origem e herança divinas, pois foi exatamente isso que aconteceu.

Reencontrei o Pai de amor ilimitado que, com o aconchego de Seus braços, me restituiu a paz e a possibilidade de atuar junto d'Ele no bem e estendê-lo para alguns espíritos dos dois planos da vida, que receberiam, direta ou indiretamente, a possibilidade de soerguimento espiritual por meio do trabalho que me foi oferecido de escrever livros aos encarnados.

---

1 A narrativa desta passagem de André Luiz pelo umbral, logo após seu desencarne na última existência, está no livro *Nosso lar*, de sua própria autoria espiritual, pela mediunidade de Chico Xavier - Editora FEB.

Por isso mesmo, retorno ao lado desses corações queridos para que possamos fechar os ciclos de convivências em clima de entendimento e amor. Estarei junto de muitos outros amigos nesta casa planetária, que nos educa a alma e que é tão acolhedora quanto um grande coração materno, para que vençamos a nós mesmos!

Outros "Andrés Luizes" continuarão a tarefa despersonalizada que os meus orientadores me convidaram a realizar próximo de seus corações.

Quem empreende essa tarefa já não é nem o médico nem o materialista, que há muito deixaram de existir, e sim um amigo que lhes agradece a convivência e aprendeu a colocar todos na condição de irmãos da mesma família universal à qual o Cristo nos chama.

Com esta disposição sincera, convido a todos para uma última empreitada de investigação das verdades espirituais, para que possamos avistar a luz que desce do alto em função do sol divino do Cristo, que Se aproxima para a redenção espiritual do planeta, determinando nova etapa de crescimento.

Sigamos adiante para podermos vislumbrar o futuro glorioso que nos aguarda.

Paz e esperança para todos nós!

André Luiz
Novembro de 2017.

INTRODUÇÃO
EM SINTONIA COM JESUS

Queridos irmãos de caminhada educativa, devemos despertar juntos, pois nossos corações se encontram acordados para a nova fase de valores na Terra, permanecendo sob o amparo amoroso de Jesus, representação mais perfeita de Deus junto da humanidade.

Com profunda alegria, escrevo essas singelas linhas tanto por estar novamente ao lado de André Luiz, esse irmão que muito estimei em minha última existência, na condição de limitado médium, quanto para exprimir a mensagem do seu coração amigo e, também, dos outros espíritos perante os quais ele também se colocou na posição de medianeiro.

Quanta felicidade senti ao seu lado e de todos os mentores que se transformaram em verdadeiros exemplos de abnegação, auxílio e amor a todos nós.

Agora que o trabalho da psicografia de André chega ao fim, surge para ele a oportunidade da aplicação viva dessas verdades, acolhidas como sementes no terreno da própria intimidade, germinando os brotos que no amanhã serão árvores frutíferas, prontas para darem os frutos junto aos caminheiros sedentos de seiva nutridora que lhe partilharem a jornada.

Quando ele estiver encarnado novamente, com satisfação poderei acompanhar suas tarefas perto dos trabalhadores do movimento espírita, que aprenderam a respeitar e venerar a sua pessoa, como exemplo não só de superação, mas de movimentação do Bem ao lado dos necessitados de espiritualidade.

Que Jesus ampare esse projeto, permitindo que eu possa, quem sabe um dia, retribuir a esse amado irmão tudo o que dele recebi, pois ele me amparou muitas vezes nos momentos em que lutava contra minhas limitações e imperfeições, no cumprimento das simples obrigações a que fui chamado, pelo Mestre, a realizar junto ao Consolador Prometido nas terras brasileiras.

Observar a abundância dos benefícios alcançados com a nossa parceria, iluminada pelas bênçãos amorosas do alto, é como voltar àqueles instantes em que Jesus multiplicava pães e peixes. Agora, os alimentos são os princípios de espiritualidade capazes de matar a fome da multidão por Suas verdades, pois elas já vem acordando e buscando-O cada vez mais.

Tenho profundo sentimento de gratidão a esse Amor ilimitado que nunca Se cansa de nos auxiliar no soerguimento espiritual.

Sempre venerei o trabalho executado por André Luiz próximo ao meu coração. Por isso mesmo, me ajoelho junto de seu espírito e rogo a Deus, nosso Pai de infinita bondade, e a Jesus, nosso Mestre e Irmão maior, para que as bênçãos do amor possam nos amparar e proteger e, em coro, possamos cantar: "Hosanas ao Senhor!".

Chico Xavier
Novembro de 2017.

ESCLARECIMENTOS
É CHEGADA A HORA DA DECISÃO

Alguns fatores estão envolvidos nestes momentos de decisão pelos quais a Terra passa.

O primeiro aspecto que levantaremos aqui está relacionado aos encontros dos Cristos Planetários do nosso Sistema Solar, que já aconteceram por três vezes, para tratar de definições ligadas às transformações do Planeta Terra.

Quem nos descreveu as duas primeiras reuniões foi Emmanuel, em seu livro *A caminho da luz*, psicografado por Chico Xavier. A primeira delas ocorreu quando Jesus recebeu as energias do Sol em forma de bloco de matéria informe[1] que formariam o orbe; e a segunda com a vinda do próprio Mestre à Terra, nos eventos extraordinários de Sua missão evangélica.

No final do referido livro, o autor espiritual projetava uma terceira reunião[2] para uma nova decisão quanto às transformações de nossa moradia existencial.

---

1 *A caminho da luz,* Capítulo 1, *A gênese planetária*, Emmanuel, Chico Xavier

2 "Espíritos abnegados e esclarecidos falam-nos de uma nova reunião da comunidade das potências angélicas do sistema solar, da qual é Jesus um dos membros divinos. Reunir-se-á, de novo, a sociedade celeste, pela terceira vez, na atmosfera terrestre, desde que o Cristo recebeu a sagrada missão de abraçar e redimir a nossa Humanidade, decidindo novamente sobre os destinos do nosso mundo. Que resultará desse conclave dos Anjos do Infinito? Deus o sabe. Nas grandes transições do século que passa, aguardemos o seu amor e a sua misericórdia.". Emmanuel no seu livro *A caminho da luz*, psicografia de Chico Xavier, no último item do capítulo 24. (N.E.)

Ela aconteceu exatamente em 1969[3], quando o homem pisou na Lua e, nessas condições, pôde assumir um papel superior ao que ocupava até àquela data, saindo de uma simples criatura circunscrita ao seu orbe, para assumir sua posição de ser interplanetário, aumentando suas responsabilidades perante o universo.

Nessa terceira reunião de espíritos sublimados se destacou o fato de que Jesus, o Cristo de nosso planeta, estabeleceu junto aos demais uma moratória de 50 anos para que não ocorresse uma terceira grande guerra mundial, dando aos homens a oportunidade de desenvolver o respeito mútuo e a fraternidade, conduzindo-os a se amarem.

No início de 2018, ano em que se completam 49 anos dessa reunião, ocorreu um quarto encontro para estabelecer qual seria o destino que afetaria o futuro de nosso planeta.

Este livro trata exatamente desse conclave de Cristos!

Ele foi escrito com o objetivo de clarear nossos corações e desenvolver alguns conhecimentos sobre essa decisão, principalmente no que diz respeito às responsabilidades desses espíritos elevados.

Não menos importante é a decisão que todos nós devemos ter de abraçar a paz, mesmo nas menores ocorrências de nossas vidas, e fazer dela a marca de nossos seres.

---

3 Segundo registros, em 1986, Chico Xavier compartilhou com amigos algumas revelações recebidas da espiritualidade informando que, por ocasião da viagem até a Lua o Cristo convocou uma reunião destinada a deliberar sobre o futuro do planeta, junto a outros espíritos de alta hierarquia e responsáveis por nossa evolução. Ao final da reunião, decidiram dar uma última chance à humanidade – então no auge da Guerra Fria –, na qual todas as injunções cármicas previstas para se abaterem sobre nós no final do século 20 foram suspensas, a fim de que o nosso mundo tivesse mais uma oportunidade de progresso moral sem grandes catástrofes e intensos sofrimentos relativos à dureza de nossos corações. (N.E.)

Somente assim deixaremos para trás esse monstro devorador que é a guerra, que vem dizimando vidas e alimentando a animalidade humana.

Façamos também a escolha de sermos a luz do mundo, em sintonia com Eles, nossos Orientadores da Vida Maior para a vitória da luz ante as trevas que ainda persistem em fazer morada em nossos corações.

Assim procedendo, veremos essa mesma luz determinar nossos destinos daqui para a frente.

Estejamos na paz do Cristo, assumindo o que ele nos disse: "A minha paz vos dou."[4]

Samuel Gomes

Belo Horizonte, abril de 2018.

---

4 João, 14:27.

PRIMEIRA PARTE

CAPÍTULO 1

ORIENTAÇÕES DO MENTOR

Estávamos reunidos no grande salão, onde estive pela primeira vez quando fui recolhido em Nosso Lar[1], e recebi as bênçãos da oração coletiva no caminho de minha reabilitação espiritual junto àquela instituição amorável que seria dali para frente meu novo lar.

Clarêncio faria a palestra da noite, após a qual iríamos voltar ao plano material para cumprir a nossa tarefa de esclarecimento[2] sobre o tema que assumimos nesses empreendimentos: a Regeneração da Terra.

Permanecia sentado junto a Chico Xavier, abnegado coração, que em breve assumiria, em meu lugar, a posição de informar ao plano físico as novas experiências que se sucederiam e pelas quais eu estava, até agora, responsável. Essa troca seria realizada porque estava programada a minha nova reencarnação junto ao núcleo familiar a que pertenço, em função das necessidades mais diretas de nossos vínculos e necessidades de crescimento recíproco.

Tudo estava planejado para o meu retorno junto ao coração amoroso de minha mãe[3], que seria, nesta nova empreitada, a minha avó. Estava feliz com essa possibilidade de reinício, por poder dar continuidade ao projeto de meu soerguimento espiritual como também daquele que fora meu pai terreno na última existência[4].

De alguma forma, começava a sentir um aperto no coração, em consequência de alguns preparos recebidos

---

1 *Nosso lar*, capítulo 3, obra mediúnica de autoria espiritual de André Luiz e psicografia de Chico Xavier – FEB Editora.
2 Aqui ele se refere ao primeiro livro da série Regeneração, publicado em 2016.
3 *Nosso lar*, capítulo 15, obra mediúnica de autoria espiritual de André Luiz e psicografia de Chico Xavier – FEB Editora.
4 Idem, capítulo 16.

dos técnicos da equipe de reencarnação da nossa colônia e que eram os mesmos que pude presenciar na reencarnação de dona Laura[5] e de seu filho Lísias[6].

Chico Xavier, vendo-me nessa posição mental, lembrou-me da influência que começava a receber devido ao processo de aproximação junto à minha futura mãe e pela oportunidade grandiosa de servir em nome de nosso Senhor Jesus Cristo.

Suas palavras eram ditas com tanto carinho que me acalmaram na hora e me colocaram mais centrado para receber as palavras do estimado mentor, provavelmente em decorrência dos fluídos emanados de seu coração amoroso.

Clarêncio entrou no salão acompanhado de alguns dos ministros do Auxílio e colocou-se de pronto para o início das palavras das quais seria portador.

Mais atento ao ambiente, notei claramente a presença de muitos dos companheiros de minha história junto àquela instituição. Todos me olhavam e cumprimentavam amorosamente, seja por acenos ou palavras amigas, o que eu retribuía com satisfação e alegria. Nem todos estavam ali presentes, já que alguns deles me precederam no retorno à existência física. Os que ali se encontravam eram antigos e novos companheiros de trabalho, com os quais pude enriquecer minha vida a partir das atividades exercidas naquela cidade espiritual.

---

5 *Nosso lar*, capítulo 47, obra mediúnica de autoria espiritual de André Luiz e psicografia de Chico Xavier – FEB Editora.
6 *Futuro espiritual da Terra*, obra mediúnica de autoria espiritual de André Luiz e psicografia de Samuel Gomes, capítulos, 2 a 5 - Editora Dufaux.

Todos pareciam me envolver em vibrações de reconforto, carinho e fraternidade.

Um dos veneráveis ministros do Auxílio realizou a prece de abertura dos trabalhos com elevada inspiração, fazendo-nos chorar silenciosamente. Terminada a prece Clarêncio subiu ao púlpito e começou a falar:

– Meus queridos irmãos, nesta noite especial, nos encontramos para trocar algumas ideias sobre nossa ação espiritual junto dos homens, na execução dos propósitos superiores do Cristo, bem como para depositar nossos sentimentos e vibrações de carinho ao nosso irmão André Luiz, que se candidata ao recomeço na esfera física. Ele busca o cumprimento de elevadas obrigações de crescimento próprio e, também, de auxílio a outros companheiros, na jornada em direção aos cumes superiores da vida. Para estabelecer nossa integral felicidade, devemos, antes de tudo, auxiliar e reconduzir aqueles com os quais temos vínculos e débitos a ressarcir, a fim de que estejamos todos a caminho dessa jornada.

Assim, além da oportunidade de trabalharmos juntos na efetivação da regeneração planetária, eu poderia, por minha vez, contribuir de forma pessoal nessa construção.

Aproveito para comunicar a vocês que, assim como o André, devo posteriormente preparar meu próprio retorno à esfera material. Por minha vez, abraçarei o compromisso de contribuir, agora dentro das linhas físicas, com a edificação do mundo novo.

Clarêncio calou-se por alguns instantes, emocionado com a declaração diante da assembleia, que se mostrava com a mesma sensibilidade de alma.

Eu estava confortado em saber que poderia, talvez, conviver futuramente ao lado deste abnegado espírito, pai do coração, e, quem sabe, despertar-lhe os potenciais adquiridos em anos de abnegação junto à nossa colônia, já que me acharia mais velho do que ele na próxima jornada reencarnatória.

CAPÍTULO 2
CONTINUIDADE DA PALESTRA

Depois de um breve silêncio, Clarêncio voltou a elaborar alguns esclarecimentos:

- Não nos prenderemos às despedidas convencionais, tão esperadas na realidade ilusória dos homens, os quais, muitas vezes, as buscam para a exaltação do ego. Tanto André quanto eu nos colocamos afetivamente junto a todos, compartilhando nosso desejo de ser, no mundo, discípulos de Jesus que exemplificam Sua mensagem espiritual, pois ela preparou e edificou nosso modo de viver até agora, retratando o Consolador Prometido que veio como princípio da vida eterna no coração desperto dos homens, representando as sementes deixadas pelo semeador que saiu a semear.

Surge uma nova etapa para a espiritualização das criaturas por meio do despertar interior, fruto do autoconhecimento e da fixação dos valores nascidos do próprio coração, a fim de sedimentar a caminhada de espiritualização do planeta, direcionando a Terra para um mundo ditoso, pelo esforço e abnegação com que nos comprometemos.

Nessa nova etapa da Doutrina Espírita, não será para o campo da intelectualidade, que traz mais informações e conhecimentos, que iremos trabalhar, e sim para o desenvolvimento da capacidade de *sentir* a vida.

Por nossa vez, seremos codificadores de uma nova postura, nos transformando em *livros vivos do espírito*, pelos quais exemplificaremos as respostas para todas as dúvidas acalentadas na mente dos que só acreditam no campo prático do raciocínio, mas não assumem emocionalmente o sentir de todas as informações acolhidas ao longo dos anos nos quais a razão foi a área de desenvolvimento.

Buscando referências no nascimento de Jesus, vemos em José a representação desse campo de trabalhos intelectuais operados pelos prepostos de Jesus na introdução das revelações espirituais, estudadas e organizadas por Kardec, a inaugurar o período de regeneração planetária. Em nossos dias, estamos fechando esses ciclos de empreendimentos que tiveram, no primeiro momento, a percepção das verdades espirituais e, num segundo, a fixação desses conhecimentos.

Precisamos compreender que será não apenas pela aplicação desses conhecimentos que obteremos a continuidade dos esforços da espiritualidade superior.

Assim como Maria de Nazaré foi fecundada pela capacidade de sentir a Verdade revelada pelo anjo – na representação do Espírito Santo –, fomos fertilizados pelas revelações do Espírito Verdade, que representam a nossa capacidade de senti-las por dentro do coração.

Com os sentimentos equilibrados e fundamentados no amor, veremos nossa caminhada espiritual definitiva se efetivar em linha reta na direção ao Pai, retratando o nascimento do Cristo em nós, para que o nosso espírito eterno se sobreponha às personalidades frágeis e superficiais, ligadas à identificação com os valores humanos e materiais, para nos tornarmos, um dia, espíritos puros como Ele.

O ego, que tem sido a manifestação do nosso espírito ainda infantil, morrerá para que o ser imortal seja a característica comum entre nós, sem a exaltação de um eu frágil. Nessa dinâmica, buscaremos naturalmente o anonimato e a despersonalização como modos de viver daí para frente.

Deixaremos de adorar a nós mesmos para criar a verdadeira adoração a Deus, por meio da identificação com Seus propósitos sábios e nobres, que fundamentam o amor ilimitado entre todos os seres.

Assim, morrendo para essas características limitadas, nos expressaremos como o próprio João Batista, o precursor do Messias, que disse: "É necessário que ele cresça e que eu diminua".[1]

Dessa maneira, nosso espírito reinará definitivamente em nossa manifestação de viver, mostrando o reino dos céus prometido por Jesus a nascer de cada coração, e assim se direcionar dentro da vida.

Calou-se o nobre amigo, deixando-nos todos impressionados com suas palavras, que representavam nosso anseio de crescimento para o infinito da Vida!

---

1 João, 3:30.

CAPÍTULO 3
HORA DE VOLTAR

É com muita alegria no coração que participo deste momento tão especial da vida de nosso amigo e irmão André Luiz, que muito contribuiu para dilatar as verdades espirituais entre nossos companheiros, principalmente no Brasil, onde a força do Consolador Prometido estabeleceu raízes fortes, cumprindo o papel de influenciar as mentes daqueles que se alimentam dos frutos ricos de valor espiritual.

Sentíamos sua apreensão diante da aproximação de seu retorno para o mundo material e fazíamos de tudo para mantê-lo sereno e equilibrado.

Em determinado momento, André nos falou, emocionado:

- Vejo agora com que razão dona Laura apresentava aquelas apreensões nos últimos momentos passados aqui no plano espiritual, antes de seu retorno à reencarnação, assim como ocorreu com muitos irmãos desta colônia que passaram pelo mesmo processo. Quando não estamos nas mesmas experiências, acreditamos ser tudo mais tranquilo, mas, ao se aproximar dos instantes decisivos, o coração começa a apresentar alguma dificuldade e essas emoções nos dominam a mente.

Clarêncio, atento às necessidades do amigo, falou para tranquilizá-lo:

- Meu caro André, de alguma forma, todos nós temos nossas apreensões em momentos como esse, pois não estamos ainda nas condições dos espíritos mais preparados, que contam com experiências mais dilatadas, com maior qualificação espiritual, e com a confiança que é filha legitima da fé estabelecida pela comunhão com Deus. Todas essas conquistas criam em seus corações uma disposição serena bastante forte.

Mas, posso afiançar que mergulhamos no plano da matéria cada vez mais amparados pelas experiências superiores obtidas no retorno ao plano espiritual, pela percepção consciente da imortalidade da alma, que reforça as sensações vivas do conhecimento elevado e amplia a nossa visão perante a eternidade. Daqui a pouco, estaremos atingindo as mesmas condições e possibilidades desses irmãos que são exemplos para todos nós.

Estamos saindo das experiências generalizadas das re-encarnações mais simples e que tiveram a finalidade de criar as bases da maturidade nos espíritos iniciantes e infantis, nas quais passamos por um oceano de vidas para começar nosso desenvolvimento intelecto-moral.

Afunilando essas expressões em referências nobres e superiores de aprendizado, estruturamos o despertar do senso de justiça perante os outros, caminhando para a reencarnação como se fôssemos um rio e não mais um mar, carregando uma marca mais consciente de busca por valores nobres e mais identificados com a nossa real natureza.

Agora, filtrando ainda mais esses processos, nos di-recionamos para renascimentos simbolizados por la-gos e pequenas correntes de águas, na representação de reencarnações em linha reta de evolução, quando conseguimos despertar para nossa condição de espíritos puros e assim nos credenciamos a caminhar sobre as águas, o que significa, no fundo, que não precisamos mais reencarnar para nossos seres, a não ser para nascimentos de grandiosas missões, assim como aconteceu com o Cristo, que assumiu a figura de Jesus para todos nós.

Aquelas reflexões de Clarêncio caíam como bálsamo em nossos corações, e André, ouvindo-lhe as palavras carinhosas, sentiu-se mais confortável e tranquilo.

Dali, aportamos em uma cidade brasileira onde se encontravam nossos companheiros de outrora. Clarêncio se aproximou de uma senhora marcada pelas lutas da vida e a abraçou com carinho. Era a antiga mãe de André Luiz, que, devido à sensibilidade mediúnica aflorada, percebeu as vibrações positivas dirigidas a ele.

André ficou emocionado com a cena, em decorrência de sua condição de reencarnante, independentemente de já estar se preparando por um longo tempo e acompanhar as ocorrências daquele núcleo familiar. Ali havia a disposição facilitadora para seu retorno, por se tratar de corações já próximos do seu.

Depois da visita àquela residência, nos encaminhamos para o futuro lar onde André reencarnaria, e lá nos instalaríamos até que nosso querido amigo fosse reintegrado ao novo corpo físico.

Com alegria pudemos ver sua futura mãe envolvida em pensamentos edificantes e em plena oração matinal, agradecendo a Deus as possibilidades do dia que se iniciava, abençoando a todos na casa.

CAPÍTULO 4

EM SEU FUTURO LAR

O apartamento não era muito grande, tinha as características de um lar de classe média que lutava com coragem para a manutenção de sua sobrevivência. A base religiosa da família era a Doutrina Espírita, seguida por seus integrantes, principalmente, sob a influência e os exemplos da mãe de Eugênio, seu futuro pai, e pela sintonia dos cônjuges, que, cada um a seu modo, davam testemunho dos princípios abraçados em comum.

Dentre os pais, era Marta, sua futura mãe, que apresentava uma fé mais viva e sentida, em comparação com o pai, que assumia mais a postura de um intelectual da Doutrina. Víamos nele a luta íntima, em pleno coração, entre seguir as convicções abraçadas ou atender aos anseios de crescer no mundo dos negócios, garantir o enriquecimento e a segurança de seu lar, nutrindo, inclusive, a expectativa de conquistar algum poder. Assim, muitas vezes, ele caía em contradição com os fundamentos de Cristo, tão divulgados pela doutrina, baseados na humildade e na simplicidade de uma postura sóbria nessas linhas de interesse, mais voltadas para a paz da própria consciência.

Claro que, em se tratando de Jesus, esses valores eram características de Seu próprio ser e não condições subordinadas aos padrões exteriores de humildade estabelecidos pelos homens.

Cada um de nós luta contra suas disposições do passado e as tendências alimentadas pelas ações precipitadas e pelos erros abraçados, muitas vezes, espontaneamente.

Outra luta íntima do seu futuro pai era travada contra as tendências sexuais que tentavam dominá-lo, direcionadas para a satisfação fora dos compromissos do casamento. Tais desejos se apresentavam carregados de conflitos e culpas diante da proposta educadora da Doutrina, que lhe convidava a cumprir, por meio da monogamia, o respeito à esposa, uma alma sensível e boa. Os princípios nobres trazidos por ele eram frutos do esforço de sua mãe, que, desde muito cedo, se comprometeu com a evangelização infantil dos filhos, dando uma forte orientação espiritual, baseada em seu próprio exemplo de abnegação. Desde cedo, ela se empenhou na educação deles, cujas tendências inferiores se mostravam desde o início do seu desenvolvimento físico e mental, mostrando a necessidade da disciplina e da postura determinada que deveria adotar com a maioria deles, criando condições para que, quando chegassem à fase adulta, pudessem caminhar com mais segurança diante dos quadros de suas lutas pessoais. Receberam, desde o berço, os recursos para a vitória que deveriam abraçar sobre as sombras do passado. Somente vendo aquele ambiente e as lutas que seu futuro pai estava travando, para compreender essa conquista.

Foi o próprio André quem falou:

– Já há muito tempo venho acompanhando meu pai em suas batalhas íntimas. Se não fosse a Doutrina Espírita e a abnegação educadora de sua mãe, certamente ele já teria sucumbido na luta e caído em campos de compromissos mais obscuros e dolorosos. O exemplo de minha avó para com todos os filhos, baseado na autoridade moral de uma autêntica trabalhadora de Jesus na atualidade, e os conhecimentos e reflexões doutrinárias que marcaram a personalidade de meu pai, em função de sua inteligência e fácil assimilação, criaram dentro dele a resistência necessária para as suas pequenas vitórias até aqui.

E a espiritualidade maior acredita que com a minha vinda para junto de seu coração, como filho, sua sensibilidade vai aflorar com mais facilidade, favorecendo uma maior responsabilidade perante os compromissos espirituais, reforçando sua ligação com as verdades abraçadas por ele dentro dessa doutrina de luz.

Passando a mão nos cabelos de seu futuro pai, em ato de carinho espontâneo, André arrematou:

– Espero, por minha vez, o amparo de todos vocês que ficarão no plano espiritual, para que eu também possa seguir com as mesmas disposições e atitudes que passei a adotar desde que fui atendido em nossa colônia espiritual. É imprescindível me afinar de vez com os compromissos do bem, que todos aprendemos a amar desse outro lado da vida, dando continuidade no mundo material a essa conquista, para fixá-la em definitivo em meu coração, edificando a estrada de elevação para o meu próprio ser e para todos que estiverem ao meu lado.

Suas últimas palavras saíram acompanhadas por lágrimas que desciam pelo seu rosto, lavando sua face.

– Não se preocupe, André – disse Clarêncio, amorosamente –, pois sua programação está bem definida pelos organizadores de sua reencarnação e você terá um contínuo amparo da equipe espiritual responsável por ela para concretizar suas responsabilidades, não só na Doutrina Espírita, que o acolherá, como também nas transformações que o orbe pede de todos nós.

Na intenção de dar a ele meu incentivo, disse, por minha vez:

– Meu querido André, fique tranquilo. Confie no amparo de Jesus, que orienta os seus passos, e tudo o que estiver em minhas possibilidades eu farei para restituir o muito que recebi de sua dedicação quando vivi minhas lutas pessoais na última encarnação. Procurarei sempre estar presente com muita alegria e dedicação.

A vitória do bem será o resultado de nossos esforços conjuntos.

Assim, permanecemos alguns dias naquela residência para a complementação de nossos objetivos. Aquele lar seria, dali por diante, um campo de lutas e uma escola de crescimento espiritual para seu ser.

CAPÍTULO 5

ASPECTOS TÉCNICOS DA REENCARNAÇÃO

Permanecemos no plano material, na residência para a qual André Luiz voltaria, para dar andamento aos procedimentos de aproximação final entre ele e sua mãe. Na noite estabelecida para o seu mergulho na carne, tomaríamos todas as providências necessárias para essa concretização.

Nas portas benditas do ventre materno, ele se acomodou no campo de desenvolvimento automático do feto, onde passaria a viver num estágio de hibernação, até que, pelo nascimento, pudesse dar seus primeiros movimentos em plena esfera física e se direcionar para o longo curso de experiências e aplicação dos valores de nossa realidade preparatória que levava consigo.

Carregava também o patrimônio assimilado no plano espiritual, tanto quanto o aprendizado realizado nas experiências de vidas passadas, criando a possibilidade da vitória sobre si mesmo.

Seria constrangido, cada vez mais, pelo mecanismo de restrição da consciência e da perda de liberdade que gozava em nosso plano. Aos poucos, perderia também parte das substâncias perispirituais que não seriam utilizadas no processo reencarnatório, até que, numa perspectiva quase diminuta de sua forma, aderisse naturalmente ao núcleo de vida ali presente – o útero materno.

A partir daí, irá influenciar diretamente o mecanismo de reprodução e fecundação, onde se fará o encontro do espermatozoide e do óvulo, para que as primeiras ligações entre as duas realidades que envolvem o ser – espírito e matéria – sejam efetivadas na ligação entre sua estrutura mental-espiritual com as primeiras formas do novo corpo[1], recapitulando, a partir daí, a evolução filogenética[2] de todas as experiências milenares que representam a trajetória evolutiva do princípio espiritual nos diversos reinos da vida planetária.

O aprimoramento e a fixação desse patrimônio se deram nos dois planos da vida até chegar ao protótipo humano, onde o espírito se movimenta com mais amplos recursos de consciência desperta e de criação junto da vida. A trajetória de vitória espiritual recapitula, em síntese, os reinos minerais, vegetais e animais e entra de vez no dinamismo da realidade humana, articulando, nesse patamar, possibilidades quase infinitas, até que venha, por direito adquirido, a participar de novas etapas de crescimento que lhe aguardam a decisão no eterno da vida.

Vamos acrescentar nesse mecanismo reencarnatório a ação técnica dos responsáveis pelo processo em si, porque se o espírito for deixado por si só e não detiver recursos mais relevantes, atrairá um espermatozoide específico somente em decorrência da força da sua afinidade com ele, limitando suas possibilidades de vitória na reencarnação. A escolha dos gametas, acima da própria influência direta do espírito reencarnante, sofre a ação da força direcionadora da mente mais desperta e superior do mentor técnico responsável pelo programa pré-estabelecido, que escolhe o espermatozoide que mais se ajusta com o material genético do reencarnante

---

1 *Livro dos espíritos,* questão 344: - Em que momento a alma se une ao corpo? A união começa na concepção, mas não se completa senão no momento do nascimento. Desde o momento da concepção, o Espírito designado para tomar determinado corpo a ele se liga por um laço fluídico, que se vai encurtando cada vez mais, até o instante em que a criança vem à luz; o grito que então se escapa de seus lábios anuncia que a criança entrou para o número dos vivos e dos servos de Deus.

2 A filogenética é um termo que se refere a tudo aquilo próprio ou vinculado à filogenia. No entanto, a filogenia, cuja palavra tem origem grega que implica o nascimento, a origem ou a procedência, é a história da evolução das espécies.

e ao seu programa, favorecendo energeticamente aquele que melhor atenda às propostas em execução.

Assim, o espermatozoide que fecundará o óvulo, já trabalhado previamente em sua formação pela mesma equipe, será aquele que o técnico escolherá com sua força magnética mental, atendendo ao projeto estabelecido do retorno de André à carne, e que carrega os compromissos de suas lutas, necessidades e idealizações, assegurando-se, desse modo, que tenha mais afinidade com as condições reais de espiritualidade desenvolvidas por ele até aqui.

Nesse ângulo de nossas observações, entram em jogo os méritos adquiridos, os plantios feitos, as projeções e possibilidades que devem ser desenvolvidas e, no caso específico, o grau de responsabilidade e alcance da missão assumida em nosso plano, dentro do planejamento reencarnatório, para que todos os fatores possam facilitar sua realização, bem como a vitória almejada por todos, inclusive por ele mesmo.

Tudo isso será complementado pelas disposições dos órgãos e da fisiologia de seu novo corpo, como também pelos potenciais mentais e espirituais, mas caberá ao espírito o desdobramento desses potenciais. Na sua direta influência, por meio de seu próprio esforço e empenho, ele escolherá seguir ou não os caminhos projetados, ficando na dependência de sua livre escolha a possibilidade de atingir o percentual de realização que vai de pelo menos um a noventa por cento. Chegando nesse último patamar de porcentagem, pode ser considerado um espírito completista.

Nesse aspecto, podemos dizer que quanto mais o tempo passa na evolução humana, maior número de espíritos se compromete com sua reforma íntima, obtendo mais alto índice de aproveitamento nas encarnações, com consequente aumento do percentual de completistas, já que, igualmente, há expressivo comprometimento de cooperação com a vida em todos os sentidos.

Todos esses raciocínios mostram a dinâmica profunda do processo de reencarnação, que devemos admirar, ampliando nosso entendimento das palavras de Jesus a Nicodemos, quando afirmou ser necessário nascer de novo.[3]

---

3 João, 3:3 – "Jesus respondeu, e disse-lhe: Na verdade, na verdade te digo que aquele que não nascer de novo, não pode ver o reino de Deus."

CAPÍTULO 6
O RENASCIMENTO DE ANDRÉ LUIZ

Na noite esperada, em plena madrugada, depois da intimidade do casal, o grupo de técnicos espirituais do qual fazíamos parte entrou no quarto onde os futuros pais descansavam. Seus espíritos foram levados e amparados por companheiros de nosso plano para facilitar nossa ação nas intervenções necessárias ao retorno de nosso querido André Luiz.

Não vamos nos ater a detalhes do delicado processo em si, pois já foi estudado minuciosamente em uma das obras[1] na qual fui intermediário quando encarnado, de autoria espiritual do próprio reencarnante, em parceria com Alexandre, um dos mentores da Colônia Nosso Lar.

Foi com intensa emoção e alegria a envolver os nossos corações que vimos a ligação magnética do corpo reduzido de André com a intimidade intrauterina de sua futura mãe, sob o amparo técnico do responsável pela ação.

Neste momento sublime do início de uma nova vida nos planos da matéria, Clarêncio, profundamente sensibilizado, fez uma comovente oração de agradecimento por todo o trabalho realizado junto ao seu tutelado[2], pois durante toda a sua trajetória em nosso plano ele o orientou, auxiliou e proporcionou as experiências de aprimoramento de seu filho de coração, possibilitando que ele entrasse agora em novos campos de lutas e aperfeiçoamento de seu potencial espiritual. No desdobramento

---

1 Em 1945, foi lançado o livro *Missionários da luz*, obra mediúnica de autoria espiritual de André Luiz e psicografia de Chico Xavier – FEB Editora.
2 Foi o Ministro Clarêncio que resgatou André Luiz do umbral e o acompanhou ao longo de décadas de aprendizado como seu tutor. Esse resgate está narrado no livro *Nosso lar*, publicado em 1944, de autoria espiritual do próprio André Luiz, sendo a primeira obra da uma série de livros psicografados por Chico Xavier e conhecidos como a Série André Luiz – FEB Editora.

de sua caminhada, despertaria cada vez mais consciente em direção a Deus.

Clarêncio, com o sentimento de dever cumprido por fechar um ciclo - no qual viveu com André a posição de orientador e aluno -, dava por finalizado aquele processo de aprendizado, chegando ao fim mais direto da parceria de mentor e discípulo, porque brevemente ele próprio também retornaria ao mesmo palco e possivelmente se reuniria com André, efetivando, a partir daí, uma nova dinâmica de relação para atender aos projetos que ambos assumiram para o futuro.

A partir deste momento a trajetória de André seria tutelada por outra entidade de nosso plano, que assumiria a função de acompanhá-lo durante toda a sua futura existência.

Para melhor esclarecer nossos leitores, o próprio Clarêncio falou:

- Muitos de nossos amigos da realidade física indagam sobre a ação dos mentores junto aos companheiros encarnados, no que comumente chamam de ação do anjo da guarda, supondo que fique um espírito de guarda o tempo todo junto de cada um.

É claro que, fazendo um paralelo muito simplificado com o próprio desenvolvimento do ser na realidade física, vamos ver que a dependência de auxílio e amparo para a sobrevivência do recém-nascido está diretamente relacionada ao tempo de nascimento, pois quanto mais novo, maior a dependência de cuidados dos pais, principalmente da mãe, demandando um vínculo de quase total vigilância. Assim também é a intervenção do seu anjo tutelar, que o amparará até se movimentar com mais autonomia e ficar livre dessa dependência.

Com o passar do tempo, com responsabilidade suficiente para responder por si mesmo, haverá menor necessidade da proximidade dos tutores, chegando mesmo quase a se extinguir essa intervenção ao entrar na fase adulta, lembrando-se sempre de que poderá haver exceções em casos de deficiências físicas ou mentais, bem como de má educação, em que se criam vínculos de dependência e codependência, seja por parte do tutelado ou do orientador, conforme o nível evolutivo de cada um.

Trazendo essa comparação para a realidade de desenvolvimento espiritual, sabemos haver fases na evolução em que o ser é quase um bebê, exigindo maior ação dos orientadores da vida maior, passando por um despertar e crescimento gradativos, até se aproximar da maturidade, quando passa a se responsabilizar por si mesmo, com menor necessidade desse vínculo, até que, atingindo a condição de adulto espiritual, passe a caminhar com os próprios pés.

Com isso tudo, posso dizer que, estando em vias da sua regeneração, a Terra possibilitará cada vez mais essas condições de libertação ao espírito que sai da fase infanto-juvenil de espiritualidade, de modo a assumir a posição plena de herdeiro divino, adotando a partir daí a postura de autêntico Filho de Deus, até que, chegando ao grau máximo de pureza, possa ingressar na categoria de Filho Unigênito, na qual toma posse de cem por cento de sua qualidade celestial e se transforma num ser com plena identificação com o Criador!

SEGUNDA PARTE

CAPÍTULO 1

DINÂMICA DA VIDA

A dinâmica da vida nos mostra o quanto as ocorrências mudam e meu coração se alegra por poder participar, neste outro lado da existência, do trabalho de alguns companheiros para os quais eu servia de médium quando ainda estava mergulhado na carne. Agora sou eu que busco agir junto de seus corações e mentes para influenciá-los na tarefa edificante do bem, destacando, aqui, esses dois corações amigos que tanto me beneficiaram e atuaram na espiritualização do Brasil e, por que não dizer, da Terra.

Emmanuel e André Luiz, assim como outros irmãos, hoje internados no campo da existência material, trocam de lugar comigo, permitindo a continuidade da nossa parceria por meio da mediunidade, expressa de maneiras diferentes da que atuaram junto de mim[1], visando a atender a obra do Cristo, que no fundo, é trabalho de todos os interessados na melhoria da vida.

Não falo aqui só dos padrões exteriores, mas principalmente daqueles com os quais temos responsabilidade mais direta em nosso campo íntimo, a refletir em nosso modo de ser, o reino dos céus presente no espírito imortal que somos. Veremos, com o tempo, tudo chegar ao seu lugar, ao ponto de refletir a sabedoria do Pai, fundamentada no amor e na ordem.

Depois de fixado o processo de renascimento de nosso querido André, nossos compromissos mais diretos, vinculados a esse objetivo, estavam terminados e era necessário deixar o tempo correr para que os compromissos assumidos por ele viessem à tona.

---

1 Sobre essa nova parceria, vamos encontrar alguns esclarecimentos no livro *Notícias de Chico*, autoria espiritual de Chico Xavier, psicografado pelo médium Samuel Gomes – Editora Dufaux.

Dando continuidade na programação de implantação da regeneração do orbe, Clarêncio e eu nos pusemos em direção a um majestoso templo situado em planos superiores a Nosso Lar, no qual irmãos de várias comunidades interplanetárias se reuniriam para debater sobre a fixação da Terra nesta fase de sua espiritualização, determinando as atividades iniciais neste âmbito, tanto quanto estabelecendo o fechamento da limpeza espiritual pela qual ela está passando.

Teríamos uma semana de debates, estudos e palestras a fim de tomar essas decisões.

Caracterizando a importância de tal evento, grande número de espíritos vinculados a diversas colônias ao redor do mundo e de vários campos religiosos e espiritualistas buscavam o encontro.

Estávamos esperançosos por encontrar possibilidades de ampliar nossas ações e responsabilidades junto à transformação pela qual o planeta se fixará numa nova fase de sua história evolutiva.

Junto a nós, seguia nosso estimado companheiro de tarefas espirituais, o paternal Bezerra de Menezes, que eu tinha como querido mentor do coração, sempre se dirigindo a nós com palavras sábias e bondosas:

– Com as bênçãos do Pai e de nosso Mestre inesquecível, nos reunimos nesses encontros fundamentais para a fixação dos projetos regeneradores de nossa casa sideral, onde as definições de acontecimentos e decisões tomadas afetarão a vida de todos os espíritos que nela vivem.

O olhar humano, em suas conclusões limitadas e precipitadas, não pode contemplar o que de fato ocorre sob nossas observações, e somente na abrangência da visão espiritual aliada às experiências materiais poderá compreender os fatos que atuam sobre a vida no planeta hoje.

Muitos esperam por milagres e ações extremas para que as coisas aconteçam, esquecendo que a própria humanidade, nos dois planos da vida, é o elemento mais importante para que essas ocorrências se realizem, pois é para ela que se devem voltar todas as perspectivas transformadoras dos momentos atuais.

Porém, chega um instante no qual a ação do alto age de forma mais expressiva, para que as coisas se ajustem aos objetivos superiores traçados pelo Cristo, com a finalidade de determinar o fim de uma fase da evolução humana e abrir-se à etapa do crescimento espiritual, daqui para frente.

Se o espírito já é entendido e estudado em muitos lugares do orbe pelas escolas religiosas e espirituais nas linhas da razão, agora são chegados os tempos em que não será mais pelo cérebro que essa realidade essencial do ser será entendida, e sim pelas portas do coração.

Todos nós ouvíamos suas palavras com a certeza de que esta nova etapa de vida marcará de vez a trajetória dos espíritos da Terra rumo a um despertar real de nossa natureza divina.

CAPÍTULO 2

DESPERTA, TU QUE DORMES!

Estávamos reunidos num grande anfiteatro com capacidade para milhares de irmãos de diversas expressões, já que contávamos com espíritos de elevadas condições espirituais e múltiplas origens interplanetárias. Para os que participavam desses encontros pela primeira vez, surgia uma sensação de muita surpresa, tamanha a diversidade.

Mas como a maioria ali já teve experiências anteriores, começavam a se acostumar com a pluralidade desses encontros, bastante reveladores aos espíritos encarnados e desencarnados do orbe, em função das suas condições de inferioridade. Eles estão longe de compreender com clareza essa realidade, uma vez que se movimentam de acordo com seus interesses nos campos imediatistas da existência sensorial, obedecendo aos impulsos primitivos que carregam.

O próprio Cristo nos orienta para compreender com naturalidade esse quadro, levando em consideração os diferentes níveis evolutivos dos espíritos na Terra.

Fico a relembrar Suas sábias palavras:

> "Porque a vós é dado conhecer os mistérios do Reino dos céus, mas a eles não lhes é dado; porque àquele que tem se dará, e terá em abundância; mas aquele que não , até aquilo que tem ser-lhe-á tirado"[1];

> Pedi, e dar-se-vos-á; buscai, e achareis; batei e abrir-se-vos-á;".[2]

---

1 Mateus, 13:11-12.
2 Lucas, 11:9.

Essas ponderações demonstram que os aspectos superiores da vida se abrem quando os interessados que os procuram agem com sinceridade na busca e efetivamente querem mudar.

Há um grande número de espíritos na Terra que, num primeiro olhar, parecem estacionados na caminhada evolutiva, em função dos interesses centrados somente nos aspectos básicos da existência, na acomodação do bem-estar e do prazer, obedientes aos impulsos animalizados que lhes regem os comportamentos e aos anseios de felicidade.

É preciso esperar que as ocorrências da vida, as experiências da morte e a realidade além-túmulo quebrem essas barreiras e condicionamentos, para que eles busquem a amplitude dos interesses superiores.

Por isso, quando vemos alguém buscando, espontaneamente, os anseios superiores da vida, certamente estamos diante de seres que já transitaram por esse despertar, nos quais a desilusão e a decepção acordaram suas consciências para vislumbrar e percorrer patamares e padrões mais elevados.

Percebendo minhas reflexões, Clarêncio acrescentou algumas informações:

– Isso mesmo, Chico, hoje já observamos que há um percentual expressivo de criaturas interessadas pelos temas mais complexos da ciência, do conhecimento geral, das informações religiosas e espiritualizantes. Elas buscam recursos para entrar dentro de si mesmas, por meio das reflexões mais profundas, pela meditação ou por meio de exercícios de expansão da consciência, em seus estados alterados. Esses fatos vêm mostrar o tanto que o planeta caminha em passos cada vez mais largos para um plano mais amplo de exploração e entendimento, compreensão e aplicação natural dos potenciais divinos do próprio ser. Com isso, passam a transitar em campos mais expressivos e essenciais que lhes aguardam a exploração. A regeneração da Terra lhes oferece a oportunidade de utilizar suas amplas capacidades, e isso é só o começo.

Os homens já usufruem de muitas novidades em tecnologias e conhecimentos que despertam capacidades novas, seja na comunicação consigo mesmos, seja com os planos sutis da vida, aperfeiçoamento esse que se desdobra nas diversas realidades da inteligência espiritual, mostrando o quanto essa realidade regeneradora já se faz presente.

Naturalmente, encontramos ainda um contingente de irmãos que insistem nas intenções primitivistas e sensoriais da retaguarda, como a violência, o egoísmo, a desunião, a exploração prejudicial, as guerras, a criminalidade e outros aspectos inferiores que refletem seus anseios predominantes. E ainda encontramos um terceiro grupo composto por espíritos que não buscam abraçar a espiritualidade e nem se entregam plenamente à inconsciência da maldade, mas que lutam dentro de si para se ajustarem ao crescimento que o momento lhes convida.

Estamos em fase de transição planetária, onde os extremos e os opostos se evidenciam e se chocam, promovendo a reavaliação de atitudes e a escolha consciente entre o que cada um deve ou não fazer, entre o que serve ou não, até que se acentue essa mudança em âmbito coletivo.

Por isso, nos lembremos do chamamento evangélico: "Desperta, tu que dormes!".[3]

Sob as bênçãos desses esclarecimentos, nos colocamos na expectativa saudável de ouvir as informações que viriam da palestra esclarecedora.

---

3 Efésios, 5:14.

CAPÍTULO 3

ESCLARECIMENTOS NECESSÁRIOS

O início dos trabalhos estava sob responsabilidade de um irmão de outro orbe e seria reproduzido em telões gigantescos, para que todos pudessem acompanhar as mensagens claramente.

Clarêncio e eu vamos explicar algumas nuances sobre alguns aspectos práticos da realização desse encontro que podem gerar dúvidas.

O primeiro aspecto é com relação à presença de espíritos de alta hierarquia evolutiva e de espíritos de outros planetas. Devemos levar em conta que ao se aproximarem os tempos de mudanças do planeta, aquilo que antes era raro de acontecer, torna-se cada vez mais comum. Esses encontros e reuniões permitem uma maior participação de espíritos de diversas faixas de crescimento, que se beneficiam dessas oportunidades, até mesmo com a presença de espíritos crísticos.

Outro aspecto seria em relação à forma de comunicação e seu entendimento, em função da variação de linguagens e faixas evolutivas dos espíritos de diversas localidades planetárias. Precisamos entender que a condição da maioria dos participantes é de ordem superior, e os que estão em condições menores, como as primeiras faixas evolutivas que envolvem a Terra, já trabalham com os propósitos de uma comunicação mais mental do que necessariamente a da linguagem. Mesmo assim, podem ser usados aparatos tecnológicos facilitadores de entendimento da mensagem, como se fossem chips orgânicos – se assim posso dizer – incorporados no próprio ser, e que a ciência terrena logo desenvolverá, aguardando o tempo em que os potenciais divinos dos espíritos terrestres sejam despertados. Isso se faz em casos muito raros de merecimento de espíritos medianos e mesmo de alguns companheiros reencarnados que são preparados para participar desses encontros.

Desde que Cristo determinou a diminuição dos limites linguísticos nos planos mais próximos da Terra[1], a comunicação entre espíritos de nacionalidades diversas vem sendo amplamente desenvolvida pelo pensamento, superando essa barreira, ainda bem forte no plano físico e nos planos inferiores do orbe.

Nessas assembleias, participam localidades planetárias e espíritos que já se encontram evolutivamente despertos ou em fase final de despertamento, como é o caso de nosso orbe. Todos os demais integrantes aguardam felizes e pacientemente o momento em que a Terra, definitivamente, possa fazer parte dessa comunidade que já venceu as limitações da matéria e suas distorções.

Nós que atuamos nos planos superiores que envolvem o orbe começamos a dilatar esses recursos que no futuro serão também introduzidos no plano físico, quando nossa abençoada escola de almas estiver em plena regeneração.

Com o aumento da espiritualidade do nosso planeta, teremos maior abrangência de ação no contexto da vida, não mais circunscritos exclusivamente ao planeta em si, mas como membros de uma grande família cósmica, com os direitos e deveres que essa condição nos apresenta.

---

1 Há mais informações sobre esta determinação de Jesus no capítulo 34 do livro Futuro espiritual da Terra, de autoria espiritual de André Luiz, psicografado pelo médium Samuel Gomes - Editora Dufaux.

Assim, achamos conveniente trazer essas reflexões para que nossos irmãos da esfera física tenham uma ideia mais adequada do que lhes aguarda no futuro, como perspectiva de participação e oportunidades, em decorrência do seu crescimento espiritual.

Interrompendo minhas anotações mentais, um nobre espírito de Marte entrou no amplo auditório. Seu nome não tem nada parecido com os nossos, mas poderemos chamá-lo de Xantor.

Ele traria alguns esclarecimentos iniciais a respeito do que seria tratado nos dias da conferência de irmãos do Sistema Solar e dos planos espirituais superiores que envolvem seus planetas.

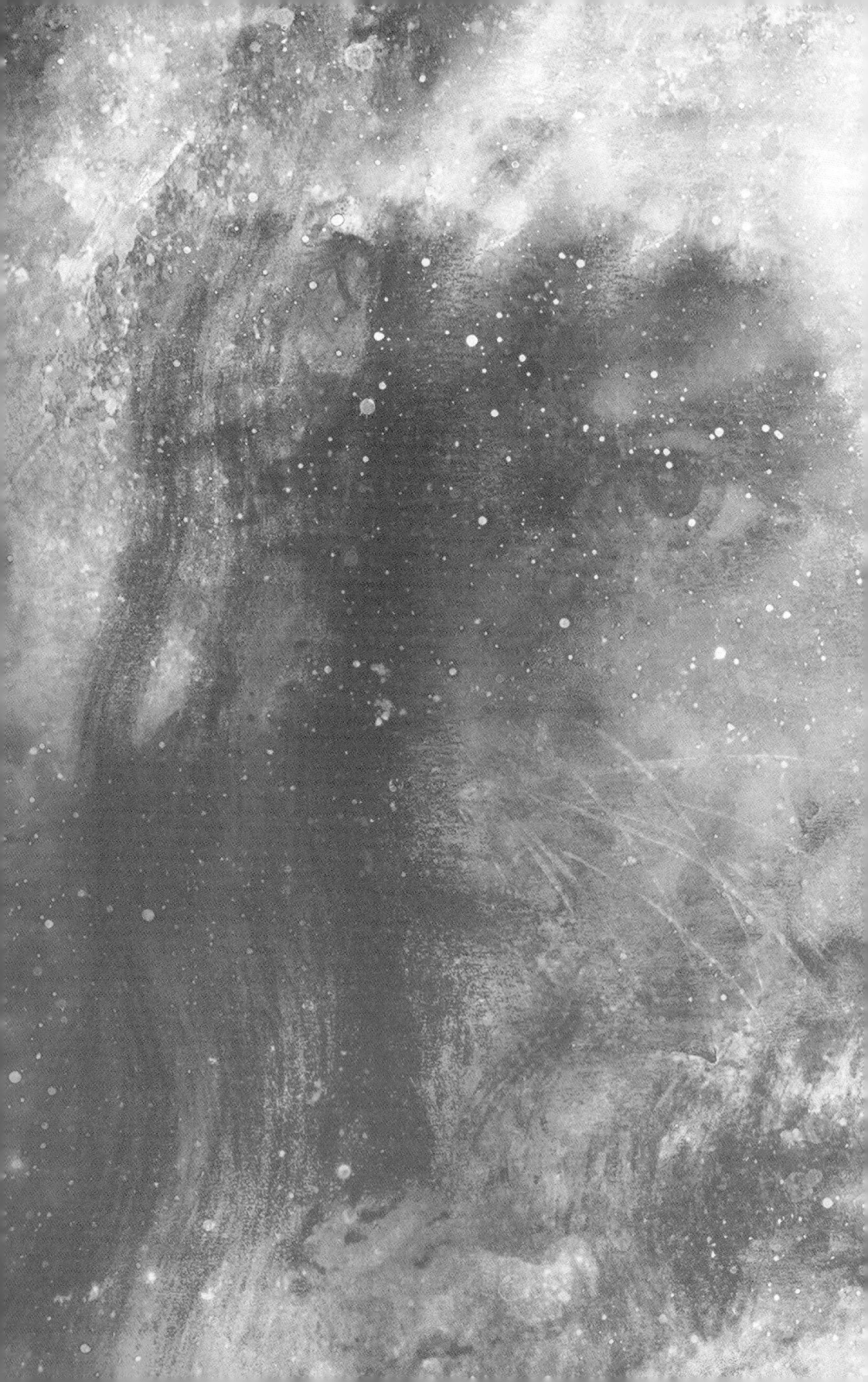

CAPÍTULO 4

PALAVRAS DE XANTOR

Com vibrações de profunda amorosidade e percorrendo a plateia com seu olhar atento, Xantor deu início aos esclarecimentos:

– Meus queridos irmãos, é com grande alegria que compartilho com vocês nossas singelas reflexões a respeito dos fatos que brevemente irão acontecer com esta escola de aperfeiçoamento espiritual, a fim de que a Terra entre para a condição de planeta espiritualizado, a caminho de sua plenitude.

Os eventos que vão acontecer apontam para a necessidade de conscientização dos seus habitantes, que precisam sair da expressão planetária, na qual se sentem isolados do Todo e fustigados pelo egoísmo desagregador, separatista e preconceituoso, causador de sua maior miséria moral: a guerra entre os membros da mesma família planetária. Eles permanecem enganados pela ilusão da forma e das etnias, sem observar que todos são espíritos e filhos do mesmo Pai, sentindo e sofrendo das mesmas dificuldades e usando idênticos recursos íntimos.

É chegado o tempo de despertar para uma nova visão de si mesmos, deixando de lado as posições idealísticas ou teóricas, para assumir a faculdade de sentir que são espíritos imortais dentro da eternidade da Vida.

Nesse marco, surge a abertura do intercâmbio interplanetário, em que as bandeiras e nações, pátrias e línguas serão desnecessárias ao processo de comunicação interior, base para o entendimento mútuo que usamos hoje, ultrapassando distâncias e diferenças secundárias.

Só no amor, essência da própria vida, a humanidade poderá encontrar a felicidade real e contínua.

Apesar das circunstâncias aferidoras dos valores morais que os aguardam, não haverá agravamento quanto às mudanças que se efetivarão.[1] Os que estiverem preparados para elas se ajustarão ao novo nível de vida que o universo lhes apresentará.

Todos nós, seus irmãos de Sistema Solar, estamos gratos e felizes em poder colaborar na renovação em curso. É mais um planeta redimido que se engrandecerá perante a vida universal, dando um salto na hierarquia evolutiva e adentrando em novas responsabilidades.

Nesta nova era, eles poderão partilhar conosco de recursos e perspectivas de vida até então inimagináveis, mas o preço a pagar é bem claro: o de abrir mão de seu egoísmo milenar e das tendências inferiores, para que a dinâmica do espírito imortal lhes marque as consciências em definitivo, desvelando aspectos de beleza e sabedoria reservados à maturidade espiritual.

Muito terá de ser feito a fim de que deixem para trás as expressões da pobreza, violência, barbárie, separatividade de toda ordem e todos os males mentais oriundos dessa postura infantil que representa as distorções do amor entre eles.

A fraternidade será a qualidade de sua movimentação, depois dessas ocorrências e mudanças.

---

1 Aqui ele se refere às provas dolorosas que poderiam ocorrer caso os homens provocassem uma grande guerra mundial, em que o próprio planeta responderia de forma drástica. (Nota do Médium)

Peçamos a Deus e a Jesus, seu Cristo planetário, que envolvam o orbe nestes momentos cruciais e decisivos.

No profundo silêncio que se seguiu às suas palavras, paz imorredoura tomou conta de todos.

Grande luminosidade descia sobre nós, ampliando nossas consciências aos confins do universo.

CAPÍTULO 5

CONTINUIDADE DAS ATIVIDADES

Depois da palestra inaugural, nos dirigimos para os locais de acolhimento com objetivo de descanso. Na maioria dos casos, os espíritos estavam livres para fazer o que quisessem dentro dos compromissos que tinham, atendendo às diversas responsabilidades espirituais de âmbito pessoal. Interessante ressaltar que a necessidade de descanso varia e depende da posição evolutiva de cada um, obedecendo a Lei de Conservação em suas múltiplas expressões.

Os grupos se mantinham de acordo com as colônias a que pertenciam, mas tendo o intercâmbio entre eles. Os integrantes de Nosso Lar e outras colônias similares foram reunidos em prédio de complexa arquitetura, que não cabe em nossas reflexões. Independentemente do planejamento cuidadoso de todos os detalhes, todos nós tínhamos liberdade de movimentação dentro da Instituição em que nos encontrávamos.

Clarêncio e eu tínhamos acesso aos temas diversos, que seriam divididos, ao longo da semana, entre subgrupos, para discussão e tomadas de decisões, debates e estudos, com relação ao que estava acontecendo neste período no planeta e sua projeção como mundo regenerado. Todo o interesse daquele encontro era focado em nosso planeta.

Listamos alguns temas que seriam abordados:

- Final da limpeza espiritual.

- Acontecimentos que antecedem a fixação da regeneração.

- Intervenções dos planos superiores neste período.

- Interação entre os planetas despertos do Sistema Solar e a Terra.

- Auxílio no processo de recolhimento dos espíritos para deportação.

- Providências necessárias para as transformações nos corpos espirituais e físicos.

- Novos processos de deslocamentos e transportes dentro do universo.

- Diferentes níveis de desenvolvimento da consciência dos espíritos terrestres.

- Alterações nas leis físicas do orbe.

- A perda de identificação do ser com sua natureza exterior e seu despertar consciencial.

- Responsabilidades do ser interplanetário.

Eram tantos os temas, que apenas levantamos alguns poucos para mostrar aos homens as repercussões trazidas pela regeneração do planeta para a vida dos espíritos.

O primeiro tema que Clarêncio e eu iríamos abordar no dia seguinte contemplava assuntos já desenvolvidos nos trabalhos de psicografia do primeiro livro - Futuro espiritual da Terra - elaborado pelo nobre mentor junto com André Luiz.

Assim, no dia imediato, iríamos participar da reunião que discutiria o tema: Acontecimentos que antecedem a fixação da regeneração terrena. Pensando nisso, Clarêncio ponderou:

– Como sabemos, estamos bem perto de acontecimentos que vão determinar a forma de como a regeneração se efetivará no planeta: ou nos moldes de maior harmonia – como proposto pelo Cristo –, ou sofrendo a ação inconsequente da escolha dos homens por uma grande guerra, que pode acontecer pela falta de compreensão entre suas nações, bem como dos homens entre si, fato que geraria uma catástrofe de grandes proporções, já que seriam usados armamentos poderosíssimos contra o próprio planeta.

Estamos muito próximos da marca estabelecida pelos Cristos Planetários, em sua grande reunião, e no meu parecer estamos nos direcionando para o caminho mais harmônico, numa intervenção mais suave e positiva dos espíritos superiores no processo de mudança planetária, junto dos homens.

Nesta reunião específica, em determinado momento, se fará presente o próprio Cristo, acompanhado de um grupo espiritual, e, juntos, eles desfecharão os acontecimentos que definirão a direção regeneradora.

Depois dessa reflexão, cada um de nós ficou livre para cuidar de seus interesses, permanecendo na expectativa pelas discussões sobre um assunto tão importante para o futuro de todos nós.

CAPÍTULO 6

MUDANÇAS MAIS IMEDIATAS

Estávamos reunidos em um salão oval, para que as trocas de impressões e a comunicação fossem mais amplas, e mais fáceis as participações de cada um.

A presença que predominava na reunião era das equipes espirituais responsáveis pela transformação que o planeta precisava passar de forma mais incisiva, e de espíritos vinculados à Terra.

Isso porque o tema em si fundamentava-se em ações que estavam ligadas às transformações mais decisivas antes da fixação de um planeta comum, nesse caso a Terra, em um autêntico mundo de regeneração.

Pela primeira vez, vi reunidos muitos expoentes de diversas fases da evolução do orbe, coordenadores e executores dos processos de seu crescimento, como por exemplo Ismael,[1] Helil[2] e vários dos responsáveis por cada região ou área administrativa do orbe.

Além disso, em outro dia e local, estava reservado um espaço para que o próprio Mestre e outros Cristos dos planetas vizinhos pudessem participar de uma reunião geral, mais para os momentos finais do encontro. Ele viria acompanhado por alguns dos espíritos que tiveram grande influência em nossa evolução, tais como as personalidades de Moisés, Buda, Sócrates e alguns dos Seus apóstolos. Era de nosso conhecimento que alguns deles tiveram várias participações na história planetária, trocando apenas de nomes nas diversas reencarnações,

---

1 Ismael é retratado como o anjo guardião do Brasil na obra Brasil, coração do mundo, pátria do evangelho, de autoria espiritual de Irmão X e psicografia de Chico Xavier, Editora FEB.
2 Helil é retratado como o encarregado dos problemas sociológicos da Terra na obra Brasil, coração do mundo, pátria do evangelho, de autoria espiritual de Irmão X e psicografia de Chico Xavier, Editora FEB. (N.E.)

ampliando a possibilidade de auxílio à humanidade e assumindo papéis de grande influência.

Completando minhas reflexões e descrições, Clarêncio esclareceu que, levando em consideração o nível de comprometimento que o tema pedia, não poderia ser diferente.

Os dirigentes espirituais do planeta e outros de importância similar formavam a comitiva responsável pelo direcionamento das discussões.

Uma música de profunda expressão se fez presente no ambiente, levando-nos a campos de alta sensibilidade e bem-estar interior.

Momentos depois, um mensageiro celestial orou com sentimento tão profundo que nos levou ao estado de êxtase, com o qual nossas mentes e corações estavam sendo preparados para que nos sintonizássemos com o elevado padrão vibratório imprescindível para que a reunião ocorresse.

Logo após, majestosa mensageira do alto entra no recinto, deixando no ar um perfume suave e encantador. Vislumbrar sua face irradiante fazia-nos sentir como se estivéssemos na presença da própria mãe de Jesus, sendo transportados para aqueles tempos apostólicos.

Era a figura singela de Maria de Magdala que falaria, inicialmente, na introdução dos assuntos e que buscava também a preparação da atmosfera espiritual para que a presença do Mestre de nossos corações se fizesse entre nós no final do encontro.

Com uma alegria a se projetar sobre todos nós, aquela mensageira e seguidora de Jesus falou-nos ao coração:

– Meus queridos irmãos do Sistema Solar, da humanidade terrena e companheiros da jornada espiritual, que as bênçãos do nosso querido Jesus e a Sua paz desça sobre todos.

O meu espírito é como um espelho a refletir a mesma alegria e felicidade emanada de cada um de vocês, por estarmos nessa oportunidade de entendimento sobre tema tão sério e necessário.

Observando o orbe em suas características gerais, vemos um corpo ciclópico, desgastado no tempo, cheio de focos infecciosos de desarmonia e bastante mal explorado pelos espíritos que o habitam. Entretanto, olhamos também as luzes que despontam e refletem o trabalho engrandecedor de aprimoramento espiritual ao longo desse mesmo tempo, para que a marca da maturidade e da responsabilidade aferisse os corações que o habitam, dando continuidade na sua caminhada rumo à ascensão evolutiva, meta de todos os filhos de Deus.

Seus pontos nebulosos caracterizam-se por núcleos de patologia dentro do organismo gigantesco e é neles que a ação da Espiritualidade Superior atuará como um cirurgião competente a extirpar, de maneira decisiva, os agentes do desequilíbrio a fim de que se alcance sua recuperação.

Todos eles refletem grandes concentrações de energias deletérias que criam ambientes espirituais desarmônicos e geram, como consequência, uma circulação dessas vibrações perturbadoras que sustentam a mesma desarmonia para o todo.

Eles atraem naturalmente a reação do próprio planeta que, na busca de uma homeostase[3] de reorganização e restabelecimento, responde de forma incisiva, através de acontecimentos climáticos, acidentes geográficos, movimentos tectônicos, atividades sísmicas, terremotos, furacões, maremotos e tsunamis.

Por isso, devemos todos nos preparar para o recolhimento e auxílio aos que sofrem essas respostas naturais, bem como influenciar a própria humanidade na cooperação coletiva que deverá assumir em comunhão conosco.

A hora não é para alardes negativos, independentemente que já foram anunciados pelos homens, pois a limpeza será de ordem mais suave do que a provocada por uma grande guerra entre as nações que atuam sob a influência das falanges espirituais do mal a buscarem sempre a hegemonia de domínio e poder.

Nas esferas espirituais inferiores, os fogos purificadores que queimam as emanações mentais destrutivas aparecem com mais frequência, ampliando a ação saneadora.

Tudo isso cria naturalmente uma mudança inesperada junto daqueles que provocam essas disposições, tanto no plano físico quanto nos planos espirituais inferiores que são, na verdade, seus pontos de sustentação real.

---

3 Homeostasia: processo de regulação pelo qual um organismo mantém constante o seu equilíbrio. É um termo criado pelo fisiologista americano Walter Cannon (1871-1945).

Assim, alguns acontecimentos surpreendentes irão surgir para acabar de vez com a corrupção no mundo, com as guerras de extermínio, com todos os diversos preconceitos e com todos os núcleos que alimentam a violência e a maldade do mundo.

Silenciando-se, ela ficou à disposição de perguntas, a fim de facilitar as estratégias de ação diante desses acontecimentos.

CAPÍTULO 7

INDAGAÇÃO NECESSÁRIA

Maria de Magdala se sentou junto a seleto grupo que poderíamos classificar como verdadeiro conjunto de "anjos". São os responsáveis mais diretos pelas comunidades humanas e estavam ali para responder às perguntas sobre as mudanças a serem realizadas na Terra, que deveriam ser feitas segundo os preceitos do amor aos semelhantes.

As perguntas apareciam num telão de grandes proporções e eram compreendidas com clareza absoluta, mesmo com as diferenças evolutivas dos que ali se encontravam. Não traziam a identificação de quem as formulava, já que estávamos em uma reunião onde a personalidade já não existia mais e não havia a necessidade de destaque pessoal.

A primeira questão logo apareceu aos nossos olhos:

Se esses focos de produção negativa emergem de núcleos espirituais inferiores e se sustentam por meio de grupos de espíritos reencarnados que se afinam com essas energias, o que ocorrerá com eles?

Magdala, centrada na pergunta, buscava assimilar-lhe toda a abrangência, e buscando a inspiração para os esclarecimentos em fontes desconhecidas, assim respondeu:

– Nosso querido Mestre deixou Seu alerta marcado nas páginas do Evangelho: "Ai do mundo, por causa dos escândalos; porque é mister que venham [...]".[1]

Infelizmente, muitos de nossos irmãos, nos dois planos da vida, serão tocados por experiências dolorosas,

---

1 Mateus, 18:7.

em consequência de suas escolhas, e sofrerão a reação dessas mesmas energias em si, mostrando a eles, e a todos nós, o que acontece quando mergulhamos no mal.

Essas reações não serão realizadas pelos agentes superiores, mas virão do próprio mal que alimentaram, por meio dos espíritos que se lhes associam, criando atritos entre eles de tal amplitude que acabam se esgotando mutuamente.

Isso tem acontecido como resultado de seus anseios e enganos, tanto em pequenos como em grandes grupos que sofrem essas consequências, não como uma forma de punição, mas para que repensem suas escolhas e se redirecionem para uma mudança de conduta, daí para frente.

O menor esforço, vinculado à preguiça e à acomodação, deixará de existir, pois a falência dessa postura está decretada pelo movimento equilibrado de trabalho de autoconhecimento e aprimoramento interior, que deverá prevalecer tanto no campo exterior quanto no íntimo.

As falsas facilidades se transformarão em dificuldades, provocando uma mudança nessa posição ilusória e despertando a humanidade para a coparticipação de todos no bem-estar geral.

Pelo próprio fim desses pontos infecciosos do mal, o bem – como remédio salutar – inspirará as novas atitudes e predominará daí em diante.

Peço entendimento para fazer uma comparação, sem depreciar os envolvidos: aqueles que se afinarem com essas experiências dolorosas serão retirados, como se faz com a sujeira colhida e envolvida, e transportados para fora do planeta, incluídos nos grupos que serão exilados para nova moradia.

Assim, com as mãos técnicas de cirurgiões competentes atuando na necrose destrutiva para arrancá-la do corpo adoecido, realizam a eliminação definitiva desse quisto que tem envolvido todas as áreas de atuação humana, colocando todos eles em disposição de recuperação e redirecionamento renovador, para que tudo se ajuste ao propósito único de nosso Mestre querido, que é o de nos amarmos uns aos outros.

CAPÍTULO 8

O DIÁLOGO CONTINUA

Nova pergunta surgiu na tela, com as seguintes expressões:

No estado atual do planeta, paira a possibilidade do uso de armas nucleares e de disputas por bens perecíveis. O que ocorrerá com os responsáveis por essa movimentação?

Depois de observar atentamente a pergunta, Maria falou:

– Voltemos novamente ao Evangelho, só que dessa vez no livro do Apocalipse:

"E, depois destas coisas, vi descer do céu outro anjo, que tinha grande poder, e a terra foi iluminada com a sua glória. E clamou fortemente com grande voz, dizendo: Caiu! Caiu a grande Babilônia e se tornou morada de demônios, e abrigo de todo espírito imundo, e refúgio de toda ave imunda e aborrecível! Porque todas as nações beberam do vinho da ira da sua prostituição. Os reis da terra se prostituíram com ela. E os mercadores da terra se enriqueceram com a abundância de suas delícias."[1]

As consequências mais difíceis cairão sobre os representantes do mal, pela sua persistência nos interesses de domínio e exploração do mundo, transformando-se na pedra de tropeço para muitos, ao manterem todo tipo de desordem. Cairão sob o peso do próprio mal que criaram e sustentam, recebendo-o em si mesmos.

Ocorrências mais graves já surgem para todos eles, que se tornaram os manipuladores da vida, se

---

1 Apocalipse, 18:1-3.

intitulam donos do mundo e, por isso mesmo, deixam a marca inglória de como não deveriam proceder. O efeito de suas ações será o peso daquilo que fizeram aos outros. Que o Pai e todos nós tenhamos muita misericórdia e bondade para com eles.

Novas diretrizes determinarão a fraternidade na governança das nações e entre os povos, refletindo as condutas coletivas na busca por uma organização social fundamentada no valor essencial do Evangelho, situada na máxima de fazer aos outros o que gostaríamos que fizessem a nós mesmos, como fonte inspiradora das leis de intercâmbio e dos interesses para nossa casa planetária.

Todos aqueles que estão envolvidos mais diretamente nessas experiências sentirão em si mesmos o engano dessas escolhas e verão desfazerem-se todas as ilusões desses interesses.

Alguns fenômenos de destruição mais pesados poderão surgir, gerando muita dor, mostrando aos homens que não devem brincar com energias poderosas da natureza, e sim utilizá-las para o próprio bem. Já temos visto, na atualidade, exemplos desses fenômenos que têm causado grandes conturbações a muitas cidades do orbe.

Diante destes fenômenos, uma ação de auxílio por parte de quase todos os homens e espíritos do globo se fará para minimizar seus efeitos, colocando a fraternidade em prática.

Como uma marca deste período, surgirá tal união e tomada de decisão coletiva, que buscará o desarmamento global e o banimento das atitudes exploradoras e enganosas; onde a justiça e a simplicidade serão as características de uso dos recursos, procurando o bem-estar de todas as criaturas, como uma só família.

É aí que se consolidarão as novas diretrizes para a vida humana.

Mesmo não ocorrendo uma guerra de proporções destruidoras em âmbito mundial, qualquer ação com forças nucleares terá efeitos para aqueles que provocarem esses eventos.

Se surgirem essas ocorrências dolorosas, criadas pela precipitação dos próprios homens, recorramos a Deus para que a paz sele de uma vez por todas as relações entre uns para com os outros!

CAPÍTULO 9

TODOS SERÃO CHAMADOS

As perguntas seguiam objetivando o nosso entendimento, para que pudéssemos atuar com eficácia na esfera física, agilizando intervenções para a finalização da limpeza espiritual planetária.

Estava claro que havia chegado o tempo de sermos chamados às nossas responsabilidades perante a criação, seja no plano individual ou coletivo, e assim atingir o grau de consciência estabelecido para os espíritos terrestres.

Tanto física quanto espiritualmente, não nos cabe mais distorcer o potencial divino de harmonia e beleza que traz em si a paz e a integração entre os seres para o amor.

Clarêncio, ouvindo mentalmente as minhas reflexões, acrescentou:

– Impossível manter as distorções das nossas criações mentais, pois fomos chamados a mudanças fundamentais para que a era do espírito seja definida em nossa moradia celestial.

Ou nos decidimos pelo crescimento responsável e consciente, transformando-nos em agentes da Criação Superior, nos adequando à fase de espiritualização da Terra, ou seremos convidados a dar continuidade ao processo retificador em planos semelhantes ao que nosso planeta está deixando para trás, com experiências representadas pelas provas e expiações.

Para aqueles que se colocam como almas titubeantes e se expõem a esse destino, o drama dessas mudanças será um choque, a fim de fortalecer suas vontades, uma vez que sem essa separação e esses acontecimentos dolorosos essa situação não ocorreria, predispondo-os assim, num futuro mais distante, às mesmas movimentações e condições dos espíritos que aqui ficam.

As ações mais efetivas na limpeza do planeta em torno dos núcleos de desarmonia provocarão uma renovação dessas linhas de desequilíbrios e perturbações, tanto no âmbito individual como coletivo, criando verdadeiras expressões de desordens emocionais e problemas diversos, que se apresentarão no comportamento de muitos, como tem acontecido na atualidade, como sugere o alto índice de suicídios, violência, abusos e toda sorte de deslizes morais, provocados por ações precipitadas e enganosas.

Precisamos nos preparar para melhor agir no suporte a todos que se abrirem para as mudanças, dando-lhes material de apoio e programas de trabalho retificador, para que possam firmar seus objetivos pessoais na nova realidade. Também devemos agir a favor daqueles que não aceitam a renovação espiritual, cooperando nos trabalhos mediúnicos, nas orações e no auxílio prático, dirigindo-lhes ao processo de desligamento temporário de nossa escola de almas e ajudando em seus deslocamentos para o novo orbe que os acolherá.

A Bondade Celestial conduz cada um de nós conforme o seu tamanho espiritual, proporcionando-nos a educação adequada para o despertar interior, de forma rítmica e contínua.

A perspectiva de adesão e direcionamento cabe a cada candidato, pois, neste aspecto, não haverá violência ou imposição por parte da espiritualidade maior.

Todos os espíritos envolvidos nas experiências terrenas já receberam material suficiente de sustentação íntima, a fim de passar por esse chamamento, abrindo mão da posição infantil de dependência espiritual para caminhar com os próprios pés. Quando isso acontecer, além de contar com nossa companhia para o seu crescimento, assumirão a maturidade exigida ao espírito em seu despertar e se tornarão também instrutores do bem.

Clarêncio silenciou e nos dispomos a observar a nova pergunta que surgiria na tela, ampliando nossas reflexões.

CAPÍTULO 10
O FIM DO MAL

Sabemos que todo mal é oriundo da manutenção na rebeldia que alimentamos diante de nossas necessidades de mudanças e da resistência ao bem. Esse posicionamento dirigido e organizado por falanges dos planos inferiores espalha suas raízes em todo o orbe. O que espera por aqueles irmãos persistentes na inferioridade?

Olhando para todos, nossa irmã Maria disse com tranquilidade e suavidade:

– Voltemos ao Apocalipse em sua descrição:

"E vi descer do céu um anjo, que tinha a chave do abismo e uma grande cadeia na sua mão. Ele prendeu o dragão, a antiga serpente, que é o diabo e Satanás, e amarrou-o por mil anos. E lançou-o no abismo, e ali o encerrou, e pôs selo sobre ele, para que mais não engane as nações, até que os mil anos se acabem[...].".[1]

A equipe de nosso irmão Gabriel[2], responsável pela manutenção e vigilância dos planos inferiores, agirá na restrição e recolhimento daqueles que personificam o mal e que foram substituindo gradativamente o lugar de poder daqueles que, no passado, foram degredados e organizaram, depois de despertos, as trevas no planeta.

Eles estão sendo definitivamente retirados, uma vez que não atuarão mais como agentes da Lei de Causa e Efeito para os espíritos que ainda precisam das provas

---

1 Apocalipse, 20:1-3.
2 Em se tratando de um espírito para assumir a responsabilidade pela manutenção e vigilância dos planos inferiores, acreditamos se tratar aqui do anjo Gabriel. (N.E.)

que eles podem proporcionar com suas ações no mal. Serão deslocados aos abismos do planeta novo, onde serão recebidos, e lá ficarão tamponados e adormecidos até que sejam despertos para seu aprimoramento moral através das reencarnações.

Serão entregues às mãos de outro Cristo planetário, que velará por eles e os observará, aproveitando-os como agentes de desenvolvimento espiritual tanto de si mesmos como daqueles que se sintonizarem com suas ações. Um dia, também acordarão para a realidade superior da vida, como aconteceu com muitos daqueles que vieram nas mesmas posições de outros orbes.

Nos dias que virão, muitas turbulências ocorrerão, mas virão para marcar o fim da influência desses espíritos, já que se darão em meio a grandes possibilidades de desenvolvimento e conquistas no mundo material, nas diversas áreas da vida humana. Veremos essa mesma ação finalizadora refletida no comportamento de nossos irmãos encarnados que se acham nas mesmas ilusões. É a renovação dos valores através de ações mais conscientes da justiça humana, que dará um salto de adequação com a justiça divina, para que a ordem se faça nos dois planos da vida.

Somente continuarão no planeta os portadores de condições inferiores que têm possibilidades de ser trabalhados e transformados para o bem. Essa operação marcará o início do mundo regenerado, e com o tempo, por meio das reencarnações, essas arestas serão tiradas e todos poderão se afinar com os propósitos de harmonia e paz.

Peçamos as bênçãos de Deus e dos Cristos sobre todos eles, pois um dia nós assim também procedemos e eles despertarão para a luz, cada um a seu tempo, como aconteceu conosco.

Maria calou-se, deixando-nos a certeza de que o mal está com seus dias contados em nosso orbe e em nossa intimidade, por determinação de Deus e de Jesus!

CAPÍTULO 11

CONCLUSÃO DO PRIMEIRO DIA DE TRABALHO

Depois de mais algumas perguntas, nas quais não poderemos nos delongar nos comentários, a última surgiu na tela e ficamos aguardando a resposta:

Diante do que está sendo dito, o planeta sofrerá uma limpeza final dos pontos espirituais infecciosos e obscuros e todos eles serão transformados, gradativamente, em forças harmônicas e aqueles que persistirem no mal serão retirados, juntamente com as fontes que os sustentam. Qual seria o nosso melhor papel de auxílio nessa harmonização geral?

Maria olhou-nos com profundidade e seu magnetismo nos sensibilizou a todos. Sorriu, suavemente, e disse:

– Não podemos fugir aos testemunhos Daquele que, há mais de dois mil anos, deixou um legado de elevação para todos os espíritos envolvidos com o crescimento espiritual nesse orbe-escola, que é o amor, quando afirmou categoricamente: "Amai-vos uns aos outros, assim como eu vos amei.".[1]

Esta é a nossa contribuição mais efetiva junto às transformações do orbe: darmo-nos com consciência ao amor em todas as nossas possibilidades.

Que nossos irmãos encarnados busquem aplicá-lo no trabalho ativo do bem, no compromisso com o bom combate, que representa a luta por dentro de cada um, em busca da transformação moral e da identificação com a natureza espiritual proporcionada pelo autoconhecimento, empenhando-se em acompanhar os esforços daqueles que, nos planos espirituais, já se identificaram com os objetivos da vida maior.

---

1 João, 15:12.

A caridade e a ação no bem serão a essência do perfume de nosso incenso íntimo.

A consciência lúcida, sem qualquer artifício exterior, será nosso óleo no confronto com as lutas internas ou externas, para que nossa serenidade e capacidade de solucionar os desafios sejam iluminados pela razão equilibrada. Expressando nossa espiritualidade, por meio do sentir e agir em bases retas, acenderemos a luz que esse óleo divino nos favorece para clarear o caminho do outro.

Descobrindo a capacidade de nos amarmos uns aos outros, mostraremos o ouro de nossos corações, cooperando com a espiritualidade maior que atende aos propósitos do nosso querido Mestre, colocando a Terra nos pórticos de sua sublimação.

Fazendo uma pausa em suas reflexões para que acompanhássemos sua mensagem com o coração, concluiu:

– Todos nós seremos dignos se fizermos algo por essa edificação espiritual, pela honra de servir ao bem e ao programa traçado pelo Cristo de Deus que, no fundo, refletem as leis que regem o universo, integrando--nos ao movimento de vida que nasce da mente de nosso Pai.

Calou-se, dando por finalizada a sua participação.

Um dos coordenadores daquele encontro divino orou com gratidão e amor, e todos nós, numa só vibração de paz e harmonia, direcionamos ao orbe nossos sentimentos mais puros para sua libertação!

CAPÍTULO 12
PALESTRA ESCLARECEDORA

No segundo dia, dando continuidade à nossa jornada de aprimoramento, participaríamos de uma palestra, proferida por um habitante de Júpiter, que esclareceria as possibilidades de atuação e contato dos irmãos de outros orbes junto aos homens da Terra.

O salão era muito maior que aquele do dia anterior e contávamos com a presença de muitos espíritos superiores dos diversos planetas do nosso Sistema Solar.

Aguardando o início da exposição, Clarêncio falou para melhor entendimento dos nossos irmãos encarnados:

– Chico querido, quando nossos irmãos da esfera física entrarem em contanto com essas informações, terão alguma dificuldade de entendimento e sentirão um certo estranhamento por serem acontecimentos muito novos.

Nos planos espirituais superiores do orbe, isso tudo já é mais natural. Para a Colônia Nosso Lar e similares, em função da perspectiva de crescimento do planeta, espiritualmente falando, isso também passará a ser natural em algum momento.

Está claro que isto lhes pedirá o preço de ter o mesmo padrão de responsabilidade e maturidade que precisam para lidar com estes avanços. Como representantes dos habitantes da Terra, nós estamos entrando em esferas cada vez mais profundas da vida universal e não podemos agir nesta dinâmica sem correspondermos com as atitudes e qualidades exigidas para essa movimentação.

O homem sempre se colocou na postura de só receber e se beneficiar das possibilidades superiores da Vida. Agora, ao invés de receber, terá de dar cada vez mais, e ao contrário de beneficiar-se, se transformará em beneficiador.

Já não podemos continuar na condição de crianças espirituais, pois o selo do crescimento está sendo fixado na Terra para assumirmos, de uma vez por todas, nossa participação consciente na obra divina da vida.

Clarêncio interrompeu sua explicação e logo se fez a entrada do instrutor do dia.

Com características muito diferentes do nosso corpo perispiritual, mas mostrando-se na forma humanizada, para melhor identificação com todos, deixou transparecer grande irradiação luminosa do tórax, que, ao nos tocar os corações, nos emocionou profundamente. Novamente, de espírito para espírito, começou a se expressar:

– Irmãos das humanidades, que as bênçãos da Fonte Geratriz da Vida nos fortaleçam sempre como alimento sublime para nossas existências.

O intercâmbio entre tudo e todos é a expressão ideal do amor universal. Ao se materializar no planeta Terra, nossos irmãos mais novos poderão participar desse concerto extraordinário, que é a base da vida.

Eles se sentem deserdados do amor do Pai e isolados da poderosa vida universal, sem compreender os objetivos essenciais que envolvem tudo dentro da criação divina.

Em função da maturidade espiritual e de nosso contato mais amplo, poderão desenvolver suas capacidades intelectuais e usufruir de muitas possibilidades tecnológicas inimagináveis, incluindo o desdobramento de suas capacidades mentais, até que se tornem livres para transitar por toda parte.

Diferentes vertentes científicas, ocultas leis universais, forças ignoradas e visão mais ampla do Cosmos farão com que seus ensaios cresçam e passem a comprovar e compreender aquilo que não conseguiam com suas limitadas pesquisas e observações.

Somente com o complemento do que chamam de realidade invisível, e usando-a como algo patente e dinâmico, alcançarão o uso de forças jamais apreendidas até agora.

Não poderão ter o direito de usar essas forças enquanto alimentarem sentimentos de posse e exploração sobre essas perspectivas e descobertas. Só na fraternidade legítima é que essas possibilidades se abrem para o uso. Para isso se faz necessário abandonar o uso inconsciente do pensamento e a maneira perturbadora com que ele manipula as forças e os fluidos da vida, quando aplicado nas condições evolutivas mais primitivas.

Buscando dar seus voos ao infinito, novas características, capacidades e posturas lhes possibilitam ter acesso à herança que o Pai lhes outorgou pela sua própria natureza espiritual: ter a honra de serem Seus autênticos filhos.

Em consequência de nosso relacionamento mais amplo, muitos esperam o dilatamento de recursos materiais e técnicos, mas é para o desdobramento de seu potencial divino que mais se efetivarão nossos intentos.

Quanto mais dilatada sua capacidade espiritual, menos necessidade de recursos exteriores terá, obedecendo, é claro, o tempo certo e uma dinâmica de aplicação e utilidade.

A transição de um mundo materializado para espiritualizado tem sua trajetória natural e suas lutas mais simples e menos desgastantes, de acordo com as mudanças pelas quais ela passou, bem como as circunstâncias fixadas pela coletividade humana nesse processo de regeneração. Mas, ainda aí, tem uma estrada para ser caminhada conscientemente.

Confiamos que o contato aberto entre nós e eles nos possibilitará contribuir para que consigam participar das relações existentes na grande família de mundos do Sistema Solar, que representa pequena parcela da família universal dentro do Cosmos.

Então, terão um novo olhar para a vida e compreenderão a finalidade maior de suas existências, pois estarão direcionadas para o valor da harmonia e da paz como fontes da felicidade real.

O trabalho dentro da vida é fonte de expansão da inteligência espiritual, e não foi por menos que o Cristo planetário dessa escola espiritual afirmou com segurança: "Meu Pai trabalha até agora, e eu trabalho também.".[1]

A diversidade dessa operação amplia-se ao infinito e a qualidade de sua influência crescerá para todos os corações da Terra, para que uma nova era, vinculada ao eterno, se estabeleça.

Cumprimentando a todos, colocou-se à disposição para responder algumas perguntas.

---

1 João, 5:17.

CAPÍTULO 13

ESCLARECENDO DÚVIDAS

A bondade de Deus opera continuamente, mas atua em conformidade com o desenvolvimento do ser, para que o estímulo não se transforme em abuso, devido à incapacidade de não saber usá-la bem e pela precipitação da própria inconsciência.

Aquele encontro era muito esclarecedor para podermos vislumbrar o futuro da Terra. Mostrava que só poderão ocorrer determinados avanços quando o homem estiver apto, caminhando na direção de objetivos mais nobres e dando utilidade superior ao que lhe tem sido proporcionado. Não adianta oferecer recursos a crianças, se essas não sabem utilizá-los para favorecer a si mesmas.

A integração e relação da Terra com os outros planetas será um marco de maturidade que já existe nos planos espirituais superiores. Mesmo que para a limitada visão dos homens não seja possível, os espíritos mais amadurecidos já estão a conduzir os processos para seu ajustamento dentro das oportunidades que surgem.

Mesmo com os esclarecimentos dados pelo notável instrutor, esperamos que as dúvidas levantadas sobre seu tema pudessem ampliar nosso entendimento, especialmente para nossos irmãos internados ainda na matéria.

Assim, começaram a surgir as perguntas, sendo a primeira bem interessante:

Quando, exatamente, esses fatos irão se manifestar no plano físico?

O instrutor amigo refletiu por alguns instantes, para melhor responder, e começou a falar:

Dentro da programação espiritual estabelecida pelo próprio Cristo e pelos construtores do orbe, esses fatos se darão a partir de 2019, quando as ocorrências que antecedem a moratória pedida por Jesus afastarem definitivamente a possibilidade de haver uma guerra de grandes proporções, capaz de causar destruição entre suas nações mais importantes.

O tempo está se findando, e é exatamente neste nosso encontro que algumas decisões serão tomadas e ações especificadas. Entre elas, será fixada a data para que esse contato se dê sem provocar perturbações entre os homens.

Antes, se faz necessário estabelecer uma harmonia entre as criaturas do globo terrestre, para só depois este intercâmbio ocorrer.

Logo após a breve resposta, surgiu na tela uma segunda pergunta:

> *Muitos registros têm surgido em várias regiões do planeta, onde foram filmados e comentados, especulando tratar-se de naves espaciais, demonstrando a proximidade desse contato. Seriam reais esses acontecimentos?*

Novamente, observando seriamente a extensão da pergunta, respondeu:

– Alguns deles sim, mas outros são ações geradas pela própria articulação dos homens e de sua ciência, que, utilizando-se de pesquisas ocultas com equipamentos novos, na intenção de manter confidencialidade, podem ser interpretados dessa forma. Desconhecendo essas experimentações, a maioria das pessoas toma essas investidas como se fossem contatos extraterrestres.

Outro aspecto é a especulação dos entusiastas pelo assunto ou até mesmo o medo que alguns possuem com relação ao tema, gerando muita exaltação e criatividade por parte de suas mentes. Mas já há indícios de que essas possibilidades de contato estão cada vez mais próximas, e isso ajuda para que não haja tanta expectativa negativa ou surpresas perturbadoras, predispondo os menos preparados a aceitar essa realidade que não terá volta.

O certo é que este intercâmbio marcará uma fase nova para a humanidade terrestre, que dará um grande passo rumo à libertação do próprio orbe, colocando-o numa dimensão extraplanetária.

Terminada a resposta, um representante do nosso grupo de trabalhos espirituais levantou a seguinte questão:

> *Seria possível esclarecer sobre extraterrestres inferiores, com características de dominação e extermínio da humanidade terrestre, como vem sendo especulado por muitos irmãos do planeta nesses dias?*

Dirigindo seu olhar para nosso grupo, a partir do qual foi realizada a pergunta, ele falou, sorrindo:

– Muito oportuna essa questão. É claro que existem comunidades de extraterrestres que se equivalem, evolutivamente, aos homens terrestres da atualidade, apresentando anseios exploratórios com características de violência e intenções dominadoras. Espelham o movimento que um grupo de espíritos sustenta, seja no plano espiritual ou material, de manter a hegemonia na administração tecnológica e militar.

Necessário entender que essa, como toda ação, está subordinada à Justiça Divina, que limita as possibilidades de movimentação, para que não haja uma desarmonia entre as famílias planetárias, dentro dos sistemas solares.

Por isso, não podemos dar tanta liberdade ao mal, e sua influência se restringe à necessidade educativa dentro do próprio grupo, que, em um planeta, precisa desses atritos educativos e sofre a sua ação com o fim de compreender as leis divinas e crescer perante a vida universal.

Existem grupos de proteção capazes de conter esse tipo de invasões, caso elas fossem possíveis de acontecer, não só de extraterrestres para a Terra, como da Terra para os outros planetas.

Com o processo de limpeza e aferição de valores morais que está acontecendo, ocorre a saída da última leva de espíritos mais perturbados, e os substitutos terão outras características e outro modo de administração de recursos, o que favorecerá um intercâmbio superior e benéfico. Haverá ética moral para se adquirir méritos de acessar tecnologias que possibilitem as viagens interplanetárias, já que não terão intenções de domínio e conquista.

Outras perguntas ainda foram feitas e aqui não consegui-remos transcrever todas. Mas, para o fim dos trabalhos, observando que de maneira geral atendeu às principais dúvidas, ele orou com elevação e deu por finalizada sua participação.

Com profundo sentimento de gratidão, encerramos o segundo dia de nossos encontros.

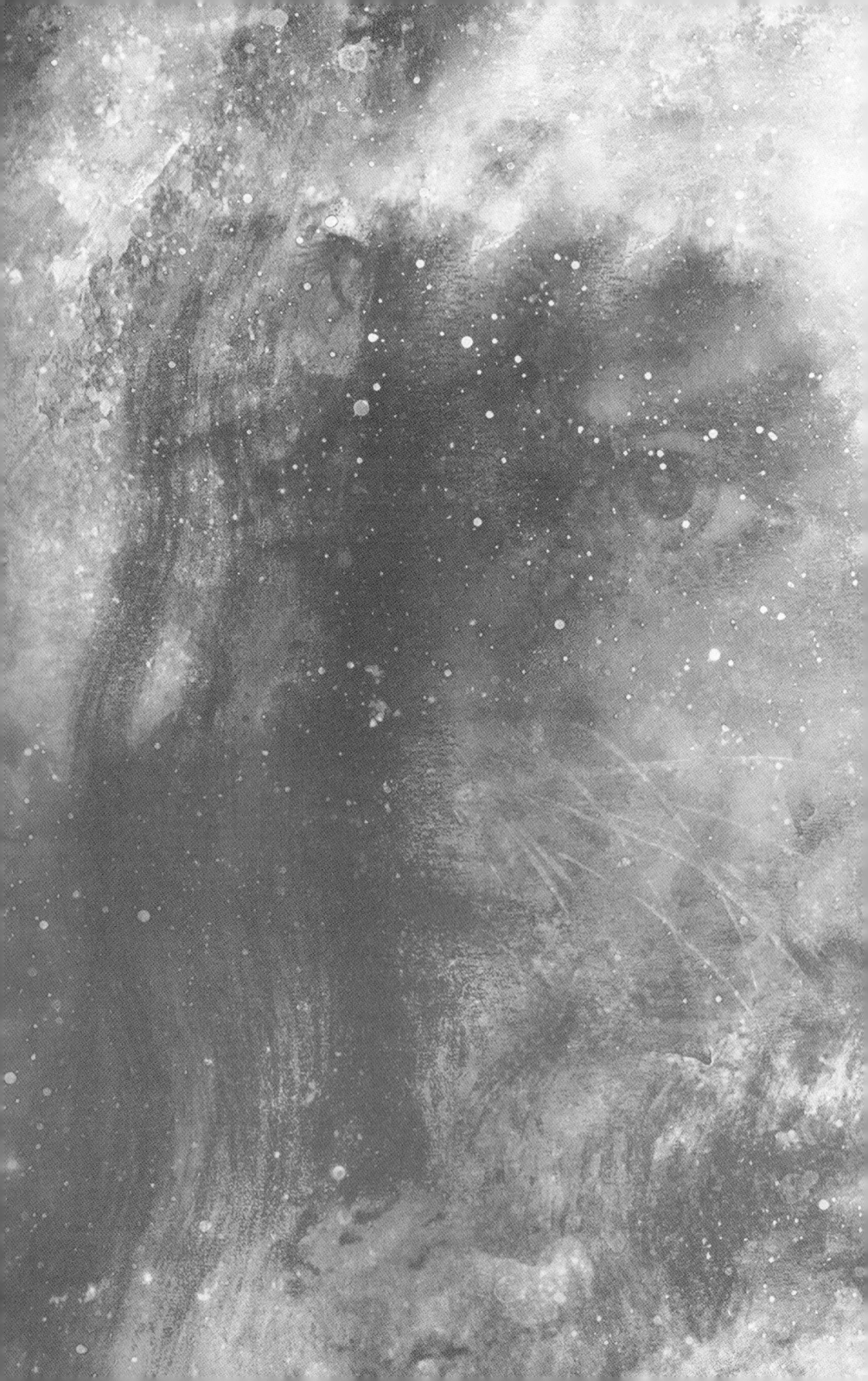

CAPÍTULO 14

ALTERAÇÕES PERISPIRITUAIS E FÍSICAS

Em nosso terceiro dia no centro de espiritualidade – verdadeira universidade sideral de avançados
recursos –, iríamos participar, junto com vários técnicos
em reencarnação, dos estudos sobre as cirurgias no pe-
rispírito terreno, que começaria a sofrer mutações naturais para se adaptar às alterações no modo de viver
daqui para frente. Seria necessário criar uma condição
adaptativa, tanto para os corpos espirituais quanto para
os físicos, que pedirão maior maleabilidade e sutileza,
características da regeneração.

Por todo o dia, estivemos acompanhando o treinamento
prático e o de aprimoramento profundo junto à Medici-
na Genética Espiritual.

Seguíamos atentamente as orientações que ampliaram
nosso entendimento, trazidas por um dos responsáveis
pelos estudos do dia.

– A mente do homem terrestre passará por um descon-
  dicionamento para se adaptar a novas condições de
  existência, a diferentes substâncias e a outros níveis de
  operação mental que exigirão mudanças gradativas
  em todos os aspectos, como, por exemplo, a telepatia.

  Alimentando esses novos recursos e ampliando disposições e capacidades, veremos esses dois campos de
  revestimento subordinados aos poderes do espírito,
  ajustando-se às características necessárias para se movimentar nos diversos planetas do Sistema Solar.

No breve intervalo que se fez após suas palavras, cor-
ri os olhos pelos técnicos que atuam nas linhas da reencarnação nas diversas colônias próximas da Terra,

participando atentamente dessas aulas introdutórias, já que, daqui para a frente, todas essas instituições teriam a presença de irmãos de várias localidades de nosso Sistema Solar, para que pudessem acompanhar de forma precisa a implantação e fixação dessas novas qualidades.

Naquele dia, mais cedo, fomos informados de que haveria supervisão para alcançar soluções e intercâmbio constante entre eles e os Centros de Reencarnação do orbe, a fim de que os desafios que pudessem surgir se resolvessem.

Interrompendo minhas reflexões, o instrutor continuou a falar:

– Para poder receber a ação do espírito humanizado no planeta e fixar os valores da razão e dos sentimentos básicos inerentes a essa fase evolutiva, o princípio inteligente ajustou o sistema nervoso do corpo perispiritual e, consequentemente, o do corpo físico, para chegar às condições atuais, cujas características se fundamentam na predominância da matéria sobre o espírito, próprias de um mundo de provas e expiações.

Agora, nova etapa de aprimoramento do sistema nervoso irá ocorrer, na qual o ser ficará mais ajustado à sua condição essencial – o espírito – e assim estabelecerá a sua predominância sobre as estruturas e forças materiais, aspecto que se fundamenta em um mundo de regeneração.

O Reino dos céus programado e apresentado pelo Cristo da Terra está para ser edificado definitivamente e será acentuadamente fortalecido daqui para a frente.

Ao entrar em contato com outros orbes e sistemas solares, o homem terreno passará a assimilar novas substâncias do universo, aprimorando o potencial da mente humana, que se tornará supra-humana, a caminho de uma mente autenticamente espiritual.

Novos patamares de intercâmbio serão estabelecidos entre as criaturas, mesmo que, no início, os homens se sintam inseguros e apegados aos grupos com os quais se acostumaram a conviver durante os vários ciclos reencarnatórios da Terra. Entretanto, após os primeiros ensaios e experimentações, terão necessidades cada vez maiores de ligações com os seres mais evoluídos de outros planetas, uma vez que trarão novo alimento afetivo aos corações, dilatando suas capacidades de amar, bem como proporcionando ligações mentais mais avançadas, que impulsionarão o crescimento, habilitando-os a caminhar com mais naturalidade rumo à família universal, da qual fazem parte sem o saber.

Perderão, aos poucos, a segurança de amar as reduzidas famílias, construídas nos movimentos reencarnatórios, e integrarão amplos grupos, que os farão sentir a expansão de suas necessidades de intercâmbio e criação de vínculos, sentindo a expansão do amor além dos limites da Terra, compreendendo, enfim, o que Jesus falava desse estado de espírito.[1]

Por enquanto, vamos interromper a reprodução dos conteúdos, porque as abordagens se tornaram mais

---

1 Lucas 8:20-21 – "E foi-lhe dito: Estão lá fora tua mãe e teus irmãos, que querem ver-te. Mas, respondendo ele, disse-lhes: Minha mãe e meus irmãos são aqueles que ouvem a palavra de Deus e a executam.".

objetivas e práticas, fora do interesse dos nossos trabalhos de esclarecimento, mas deixamos aqui essas simples anotações para mostrar aos nossos irmãos quantas propostas nos aguardam para o futuro próximo.

CAPÍTULO 15

DIFICULDADES QUANTO À LIMPEZA

Em nosso quarto dia, nos fixamos em um grupo discursivo sobre o tema: "Limpeza, exílio e imigração dos espíritos terrenos.".

Desta vez, não teríamos palestras, e sim um círculo de vários espíritos que discutiriam o tema entre si e o público, que poderia levantar questões para favorecer o debate e criar ideias de ação.

Encontravam-se no grupo espíritos envolvidos diretamente na limpeza em si, no resgate espiritual de entidades inferiores, no transporte de nossos irmãos que iriam viver esse processo de saída do planeta e imersão em novo orbe e mais alguns técnicos ligados ao trabalho de saneamento espiritual.

Teríamos como facilitadora da discussão a nossa irmã Clarice, participante ativa da limpeza astral e Diretora, se assim podemos classificá-la, de uma organização principal que coordenava os esforços das diversas colônias nesse trabalho. Com expressão de carinho e gentileza, mas com uma personalidade firme e objetiva, assim falou para nossos corações:

– Integrantes da comunidade do Sistema Solar, que as bênçãos do Criador da Vida nos amparem! Estamos diante do necessário e urgente desafio de realizar a limpeza da moradia de muitos espíritos aqui presentes.

Muitos aspectos envolvem esse tema. Procuraremos refletir sobre alguns deles, dentro do que for possível, nas trocas de experiências e opiniões. Nosso intuito é o de melhor agir dentro desse aspecto tão delicado e que envolve a remoção dos nossos irmãos perante Deus.

Chegamos aos momentos mais expressivos dessa fase de transição, e a qualificação espiritual dos seres que estão vinculados a essa escola de almas precisa se efetivar.

Ao observarmos a trajetória do nosso desenvolvimento espiritual, vemos que nosso passado refletiu em muito os comportamentos e interesses dos que hoje são vistos como peças de tropeço ou apresentam uma postura mais próxima da inferioridade espiritual. Também agimos na parcial ou completa inconsciência, nos tornando os agentes do mal de outrora, promovendo a manutenção da desarmonia, influenciando a mente humana com nossas tendências e criando assim uma resistência às mudanças tão necessárias para o crescimento da Terra.

Em alguns momentos, ainda nos sentimos titubeantes ao experimentar o peso da inadequação diante do que precisa ser feito. Com essas considerações, abro esse primeiro momento para nossa discussão.

Entre os presentes, Asclépios[1], espírito superior que faz parte dos planos mais elevados do planeta, foi o primeiro a dar sua participação, assim se expressando:

– Com relação ao passado, lembremo-nos de Jesus, quando primeiro nos disse: "Segue-me e deixa aos

---

1 Este espírito é mencionado pela primeira vez por André Luiz, em seu *livro Obreiros da vida eterna*, capítulo 3, psicografia de Chico Xavier – FEB Editora. Uma característica interessante de sua personalidade é a arte de manter um diálogo usando os versículos do Novo Testamento.

mortos sepultar os seus mortos."[2] E depois ainda completou: "Se alguém quiser vir após mim, renuncie-se a si mesmo, tome sobre si a sua cruz e siga-me."[3]

Não podemos nos prender ao passado e nem ao negativismo de nossos erros, apesar de sua importância como lições aprendidas, para podermos nos identificar com aqueles que agora necessitam de um socorro diferente. Na solução de seus próprios destinos, não poderemos mais atuar de forma branda e suave.

Precisamos nos desligar de nosso passado obscuro, deixá-lo para trás, como defunto sem utilidade, para que, numa atitude limpa e focada nas experiências de soerguimento educativo, possamos agir melhor, em benefício daqueles que um dia farão o mesmo com outros que estiverem nessas mesmas condições. Assim, seguiremos mais confiantes as diretrizes superiores da vida espiritual consciente, retratada por essas orientações.

Atuar com o degredo planetário pode parecer uma atitude muito dura aos olhos de muitos, mas as coisas só mudarão se agirmos assim sobre a dureza desses corações. Essa é a melhor manifestação de amor que poderemos ofertar a eles, mesmo que não reconheçam de imediato o benefício dessa ação.

Quando vivemos nossa queda em Capela e sofremos o redirecionamento para a Terra, víamos essa atitude como uma regressão no processo evolutivo, mas somente depois de nossas lutas de redenção e sensibilização é que chegamos às verdadeiras conclusões,

2 Mateus, 8:22.
3 Mateus, 16:24.

mais abrangentes e úteis para os nossos espíritos, principalmente sobre os aspectos do egoísmo e do orgulho, pelas experiências que vivemos aqui. Foram benditas oportunidades de trabalho, aprimoramento e reflexões sobre as impressões anteriores, que nos mantiveram presos ao sofrimento que pensávamos que iríamos passar. Essas, sim, foram conclusões precipitadas perante a sabedoria de Deus, que sempre cria o melhor para seus filhos.

Após breve silêncio, outra irmã se pronunciou. Era Ana, amorosa mãe de espíritos que foram levados de Capela em exílio à Terra:

– Se algo posso falar para servir de apoio aos trabalhos é que, com a separação dos corações queridos, que saíram em degredo para a Terra, ampliamos profundamente nossa capacidade de amor acima das distâncias físicas, desenvolvendo o alcance de nossos vínculos não somente com eles, mas também com os outros que foram deportados nas mesmas condições. Despertamos para um sentimento materno muito superior, sentindo a diferença entre o que queremos para nossos laços afetivos e o que eles necessitavam realmente, crescendo, assim, nossa confiança no amor de nosso Pai, que direciona essa força divina para todos os seus filhos, indiferentemente de como escolhem suas existências.

A participação breve, mas profundamente sábia, fez-nos pensar sobre quanta renúncia e confiança foram necessárias para que aquela forma de amor se desenvolvesse, superando a separação milenar de almas que se amam, vencendo as distâncias e o tempo, e assim poderem se reencontrar mais fortes e redimidas.

Como mais ninguém pronunciou algo sobre esse aspecto, Clarice concluiu:

– Com base nas ações estudadas e pesquisadas pela Justiça Divina e com essas colocações preciosas, podemos concluir que, para auxiliar precisamos agir com um profundo amor educativo, direcionando os irmãos persistentes nas linhas da ignorância e distanciados do bem para experiências despertadoras de suas sensibilidades e para os fundamentos mais elevados da vida. Agindo numa postura mais limitante, eles serão enquadrados às responsabilidades que precisam assumir perante o universo.

Passemos para outros tópicos.

CAPÍTULO 16

LIMPEZA FINAL

O segundo ponto a ser discutido foi introduzido por Cecília, outra irmã ali presente, que falou sobre uma ação coletiva mais expressiva de limpeza e esvaziamento dos planos mais inferiores:

- Na execução dessa tarefa, estamos diante de uma ação mais generalizada por parte de todos os planos espirituais e das atividades em conjunto com nossos irmãos encarnados, que cooperam, dentro do possível, neste programa.

  Atuam de forma mais direta em seus trabalhos práticos e mediúnicos, ou indireta, resultante dos compromissos de ordem moral e espiritual mais elevados, independentemente de crenças.

Nestes dias, que possibilidades poderemos somar para que essa ação se torne mais ampla?

A discussão foi aberta com a participação de um espírito de Marte, que trouxe o seguinte comentário:

- Até agora, estivemos limitados nessa cooperação, já que foi determinado pelos dirigentes que regem a vida na Terra que os habitantes dos dois planos da vida lavassem a sujeira no próprio tanque das experiências e lutas, sejam pessoais ou coletivas. Agora, diante da ação generalizada de auxílio, muitos irmãos do Sistema Solar estarão lado a lado com as equipes espirituais responsáveis para ajudar no que for possível, já que esse trabalho exigirá colaboração máxima.

Asclépios, que ouvia atentamente, se pronunciou outra vez, trazendo suas reflexões com base nas lições do Evangelho:

- "[...] mas desceu fogo do céu e os devorou. E o diabo, que os enganava, foi lançado no lago de fogo e enxofre, onde estão a besta e o falso profeta; e de dia e de noite serão atormentados para todo o sempre."[1]

O fogo transformador da verdade envolverá todos aqueles que se deixaram conduzir pelos impulsos animalizados, simbolizados aqui pelo diabo e pelas ilusões produzidas pelo próprio ser, dando vida às ações bestiais sustentadas, inclusive, pela falsa religiosidade, entre tantas outras atitudes enganosas.

Os que insistem em se manter assim precisarão despertar a consciência sob o peso dos tormentos benéficos, que trarão novos ângulos de crescimento, a lhes favorecer o princípio da renovação moral em direção ao bem. Precisamos unir vibrações, esforços, sentimentos e energias para esta etapa final de higienização planetária.

Depois de alguns minutos de silêncio, o Governador de Nosso Lar, ali presente, assim se pronunciou:

- As colônias e instituições mais próximas da crosta planetária vêm se empenhando na organização coletiva de recolhimento dos irmãos fixados nos sítios do mal e da ignorância.[2] Estamos validando, de uma vez por todas, a limpeza desses transitórios núcleos das trevas que ainda agem sobre o planeta, alimentando os acontecimentos infelizes no plano físico.

---

1 Apocalipse, 20:9 e 10.
2 Ver livro *Xeque-mate nas sombras - a vitória da luz*, de autoria espiritual de André Luiz, psicografado médium Samuel Gomes – Editora Dufaux.

Colocamo-nos à disposição de todos no que for possível, para servir de instrumentos na edificação dessa nova fase, em nome de Jesus.

Outra pergunta se fez ainda:

Poderiam nos esclarecer de que forma será feita essa ação coletiva por parte da espiritualidade maior?

Neste instante, percebendo as repercussões que o assunto poderia gerar, Clarêncio falou-me:

– Essa pergunta vai deixar mais claro, para nossos irmãos da Terra, alguns detalhes que possam gerar precipitação nas conclusões.

Foi Celeste quem respondeu, em nome da equipe esclarecedora:

– A espiritualidade maior, a representar a Bondade Celestial, nunca agirá de maneira violenta para solucionar tamanho desafio. Algumas das leis que regem a vida no universo são a Lei de Conservação e a de Destruição que agem, simultaneamente, em benefício das criaturas. Elas se manifestam de acordo com as necessidades de cada indivíduo ou cada grupo e daqueles que estão vibratoriamente mais próximos da situação e do objetivo da ação.

Assim, muitos de nossos irmãos que já se encontram em recuperação das provas vividas nesses mesmos núcleos serão o que chamaríamos de operários da limpeza; outros que atuaram nas perseguições ou obsessões, mas se encontram redimidos dessa movimentação, terão a função de soldados e agentes de recolhimento; outros, ainda, que participaram mais lucidamente do mal e acordaram para o bem serão os instrumentos, à feição de vassouras, rodos e detergentes, no intuito de sanear os ambientes.

E elevando o nível de cooperação, em conformidade com os compromissos criados no passado recente ou distante, cada um de nós assumirá o papel dessa limpeza generalizada como peças úteis, para que essa tarefa ocorra em âmbito mais abrangente, completando a programação estabelecida.

Prolongado silêncio se fez após essas palavras, pois podíamos entrever o alcance da ação coordenada pela espiritualidade, na qual espíritos em diversos níveis de experiências poderiam colaborar de alguma forma.

Aguardamos e ficamos atentos a novas reflexões.

CAPÍTULO 17

AFERIÇÃO DE VALORES

Levando-se em consideração a condição geral do orbe, que mais se assemelha a uma escola primária de almas na qual a maioria dos espíritos está bem longe de uma condição regeneradora e até apresenta características opostas, que espíritos ficarão na Terra?

Novamente, Asclépios buscou recursos nos escritos do Evangelho para responder à questão:

– Verifiquemos o aprendizado trazido nos seguintes versículos:

"E vi os mortos, grandes e pequenos, que estavam diante do trono, e abriram-se os livros. E abriu-se outro livro, que é o da vida. E os mortos foram julgados pelas coisas que estavam escritas nos livros, segundo as suas obras. E deu o mar os mortos que nele havia; e a morte e o inferno deram os mortos que neles havia; e foram julgados, cada um segundo as suas obras. E a morte e o inferno foram lançados no lago do fogo. Esta é a segunda morte. E todo aquele que não foi achado escrito no livro da vida foi lançado no lago de fogo."[1]

Nestes dias de aferição de valores espirituais, podemos separar os espíritos ainda envolvidos no mal em dois grandes grupos. O primeiro é o grupo dos espíritos que estão extremamente vinculados ao mal – os mortos grandes, que estão impossibilitados de continuar na Terra; o segundo é o dos espíritos que não estão tão presos ao mal – mortos pequenos, que apesar de agirem em oposição a esse mesmo bem, estão enquadrados em

---

1 Apocalipse, 20:12-15.

pequenas mortes perante a própria consciência, e são capazes de avaliar a proporção de suas ações.

Na passagem acima, o mar simboliza o ambiente da matéria, e o além, o plano espiritual. A morte significa todo o conjunto de ações contrárias à consciência, que é baseada no bem. Estar no inferno é sentir o efeito do mal em si. A segunda morte significa o extermínio do mal em nós, e o lago de fogo, o conjunto das experiências transformadoras e educadoras.

Haverá aqueles que, ao abraçar o compromisso com a sua renovação moral e com o trabalho do bem, terão acesso ao livro da vida – a própria consciência – e precisarão se responsabilizar pelas coisas que escreveram na própria intimidade, por meio das suas obras e estados de alma – gama de seus sentimentos e emoções.

Passarão pela aferição de valores, estando no mar das existências materiais e em processos reencarnatórios, com o objetivo de recolher de suas lutas as experiências mais elevadas, principalmente aqueles que já estiverem marcados pela morte consciencial.

E os que estiverem aptos a continuar no orbe passarão pelo lago de fogo, representado pelas reencarnações superiores, nas quais o processo de renascimento sofrerá mudanças, uma vez que não serão tantas quantas as dos mundos de provas e expiações, já que o nível de desenvolvimento de cada um será maior.

Com esses esclarecimentos, demos por terminado o nosso encontro naquele dia.

CAPÍTULO 18
EXPECTATIVAS E REFLEXÕES

Depois de termos participado de algumas outras reuniões, chegara finalmente o dia do encontro com aquelas estrelas vivas que representam o grupo de espíritos responsáveis pelos planetas que se movimentam em torno do Sol. Estaríamos também muito atentos à fala do Cristo de nosso orbe, o nosso amável Jesus.

Seria a primeira vez que espíritos das colônias e instituições semelhantes a Nosso Lar poderiam participar de uma assembleia dessa natureza, uma vez que o objetivo principal estava diretamente ligado a todos nós que temos compromissos com a limpeza astral e a implantação da regeneração daqui para a frente.

Estavam evidentes os esforços dos planos superiores na implantação do processo regenerativo, desde o advento do Consolador Prometido, que agora estava atingindo um de seus pontos mais críticos e decisivos.

Ainda há muitas especulações e anseios alimentados pelos homens a respeito deste período que antecede o fechamento da moratória pedida pelo próprio Cristo. Nela, os homens devem procurar se ajustar melhor como uma comunidade de irmãos, se preocupando em atenuar as dores dos outros e, principalmente, em não destruir os semelhantes por meio de uma ação guerreira, manifestação mais forte do ódio, do interesse mesquinho e da exploração de uns pelos outros, criando desarmonia e perturbações.

A fraternidade é a mensagem que deve se destacar no planeta, e nela vamos focar nosso empenho de trabalho no bem, com consequente aprimoramento da realidade espiritual do ser. Somente com essa consciência é que as criaturas se sentirão irmanadas umas com as outras, sentindo-se filhas do mesmo Pai.

Clarêncio, que me acompanhava os raciocínios, veio complementá-los com seus amorosos e sábios ensinamentos:

– Querido Chico, sabemos que a fecundação espiritual é como semente lançada no terreno íntimo das criaturas sob a tutela dos trabalhos religiosos e espirituais, movimento esse que está chegando em seu momento mais expressivo. Tirando algumas exceções, que representam mais diretamente as crianças espirituais que ainda necessitam de expressões exteriores da fé, um grande número de espíritos terrenos se encontram aptos para dar os passos seguintes no encontro com a própria realidade espiritual.

A gestação já foi elaborada, iniciada pelo nascimento de Jesus e registrada nos escritos evangélicos. Aqueles que se encontram prontos para prosseguir crescendo de forma mais conscientes se ajustarão ao despertar espiritual com o tempo, dando acesso a estradas mais fáceis e de alcance mais dilatado para o desenvolvimento da natureza divina dos homens.

A saturação que acontece nas diversas áreas de atuação do homem, como a deturpação da arte, a falência do processo educativo tradicional, o egoísmo familiar, a economia exploradora e corrupta, a justiça parcial e tantas outras, tudo isso favorece o processo de transformação no campo da espiritualidade, que é o fator mais expressivo de crescimento.

A necessidade que eles têm de entrar em contato com a própria natureza espiritual para se identificar consigo, fará com que os homens abram mão do culto exterior e de suas características superficiais de adoração para seguir rumo ao intercâmbio profundo com Deus e com seus irmãos da vanguarda evolutiva.

Assim, aguardemos o pronunciamento de nosso Mestre de amor, para que Ele determine o que ocorrerá com a humanidade terrestre daqui para a frente, dando-lhe um atestado de maturidade, a fim de que assuma novas responsabilidades dentro do universo.

Ninguém pode entrar nessa proposta sem o preparo do coração – a aquisição da harmonia dos sentimentos.

Todos os que se apresentarem com um mínimo de possibilidade para dar prosseguimento à sua trajetória de elevação terão a chance de ficar no planeta.

CAPÍTULO 19

ENCONTRO SUBLIME

A entrada daquelas estrelas personificadas na condição humana deixou-nos extasiados, tamanha a alegria que nos tocava a alma. Com intraduzível beleza e claridade, eles formavam para nossos olhos uma tela viva produzida por sublimado artista, que dava notas de encantamento e sublimidade ao ambiente.

Nunca tivemos tanta harmonia e bem-estar como naqueles momentos. E uma inexplicável felicidade surgia no âmago de todos!

Lágrimas desciam pelas nossas faces, sob o impacto das visões que Ele nos transmitia. Ficamos como que hipnotizados pela Sua presença, sem poder descrever o que vivíamos, alimentando um estado de alma que não tinha comparações.

Aquela comitiva espiritual simbolizava a maior grandeza que meus olhos já havia contemplado e jamais caberia em nenhum quadro ou peça de expressão artística produzida pela humanidade.

A claridade e a melodia que emanavam do alto faziam com que aquele lugar se tornasse paradisíaco.

Além deles, uma comitiva de diversos espíritos superiores de todos os orbes representados dentro do Sistema Solar, como também de outros sistemas, estava presente, fazendo com que aquela reunião pudesse ser considerada, na atualidade, uma das mais importantes para a humanidade terrestre.

Seria um pronunciamento direto de nosso amado Mestre, dentro de diretrizes previamente estabelecidas por todos eles.

Sem nenhuma pompa ou convenção, a atmosfera reinante era a expressão divina da mais pura humildade, como a querer mostrar para todos os presentes que a grandeza da vida é representação e manifestação dessa virtude sublime, a mostrar a presença de Deus entre nós.

Pude notar que, assim como acontecia comigo, todos ali reunidos não apresentavam nenhum sinal de obscuridade ou de inferioridade. Voltávamo-nos para o melhor de cada um de nós na sustentação daquele ambiente, da mesma forma como acontece nos âmbitos espirituais do alto, quando são sustentados pela mente dos espíritos despertos que ali habitam, criando um clima de elevação que envolve a todos os que lá adentram, sem essas características sublimes, em decorrência de sua posição evolutiva.

Mas ali, na presença daqueles espíritos nobres, categorizados intimamente na primeira grandeza de suas purezas espirituais, nos sentíamos atraídos para as mesmas condições que possuíam.

Aquela experiência nos colocava em um estado de espírito tão especial que poderíamos estar em um verdadeiro céu.

Sabíamos das nossas limitações quanto à capacidade de sentir diretamente a presença de Deus, pois ainda nos encontramos trabalhando para usufruir conscientemente dessa possibilidade de comunhão, já que é para ela que nos movimentamos na caminhada evolutiva que nos desafiam as existências.

Eu poderia ficar aqui por longo tempo, tecendo espontaneamente essas expressões quase poéticas, tamanha era a fonte de influência que aquele momento exercia em nossos espíritos, alimentando em mim o sentido divino do amor.

Mas, aquietando-me, orei firmemente ao Pai para que pudesse descrever, dentro do possível, os pensamentos e as emanações espirituais que nasceriam da mente de nosso amado e querido Mentor da Humanidade!

CAPÍTULO 20

DIVINAS EXPRESSÕES

Por mais que já tivesse estado junto Daquele Ser Divino e ouvido Suas expressões, aquele encontro era diferente.

Ele começou a pronunciar-se como melodia em nossa alma, onde cada pensamento era musicalidade ao nosso ser, a tocar-nos profundamente as fibras do espírito.

– Amados irmãos da eternidade!

Que as bênçãos infinitas do amor de nosso Pai penetrem profundamente cada ser aqui presente.

Não haverá melhor maneira de retribuir a essa Fonte de Energias que nos alimenta o ser senão atuando como refletores vivos, direcionando Suas emanações a todos aqueles que se encontram na retaguarda de nossos passos.

Direcionamos para eles todo o nosso amor, principalmente para os mais necessitados, aqueles que se encontram envolvidos na ignorância de sua real natureza, que é a origem divina!

Há muito temos operado para que esse planeta atinja um patamar mais elevado de vida, pois foi entregue pelo Pai em minhas mãos, juntamente com a comunidade de espíritos que desenvolve o potencial adormecido em suas intimidades.

Quantas lutas, dores, lágrimas e alegrias foram registradas em seu cenário, marcando as experiências coletivas e sua história milenar.

Todas elas, apesar de importantes, são meras expressões passageiras para despertar a necessidade interior de que devemos viver como espíritos imortais diante da Eternidade de Deus.

Suas aflições e anseios a retratar os pedidos inconscientes e suas orações chegam aos nossos corações exatamente nessa hora, no instante tão esperado por todos nós: o de edificarmos na Terra uma morada celestial, mesmo que sempre tenha representado isso para Deus, como a refletir outras tantas que brilham despertas dentro do universo infinito!

Meu amor atinge a todas as criaturas depositadas sob minha responsabilidade e a de todos aqueles que abraçam a missão de lhes proporcionar aprendizado, experiências e crescimento.

A marca da mudança chega ao seu ápice! Nunca, em todos os tempos, registramos a clara divisão entre os que estão mais vinculados à ignorância e ao mal, e os que estão sintonizados com os princípios do bem e do amor. Estes estão cansados e oprimidos pela dor, pelas decepções diante de uma realidade material limitada e fantasiosa, que não pode lhes oferecer felicidade, pois nasce do reino divino do próprio coração e da comunhão de uns para com os outros, no encontro com o Criador de tudo!

Diante do último ano[1] de nosso acordo, aqui estamos reunidos, para que possamos contemplar alguns raios de bondade, de sensibilidade, de esforço e de ação de heróis anônimos, que aprenderam que é somente caminhando nesta direção que poderemos encontrar a solução de todos os males das criaturas.

Fez-se um silêncio profundo, para que pudéssemos continuar acompanhando Sua mensagem sublime.

---

1 2019 – Ano final da moratória de 50 anos dada como última chance à humanidade, em reunião já mencionada em nota de rodapé inserida nesta obra.

CAPÍTULO 21

A MUSICALIDADE CONTINUAVA

As expressões da Sua face tocavam-nos as fibras do sentimento, provocando êxtase profundo. Como o populacho que O seguia ao pé da montanha nos tempos em que esteve na Judeia, comparecíamos ali com fome de Suas energias amorosas, a nos saciar com alimento interior de sublime natureza espiritual.

Logo mais, voltou a manifestar Seus pensamentos encantadores:

– A humanidade terrena, que se conjuga e complementa nos dois planos da vida, sofrerá uma mudança de natureza vibratória que imprimirá um aumento na frequência de sublimação do ser, com capacidade de executar novos acordes para manifestar sua qualidade divina, como autêntico instrumento de Deus a Lhe retratar a capacidade criadora.

O medo, os anseios passageiros, as necessidades sensoriais e os interesses do prazer deixarão de ser a sua busca desenfreada por uma felicidade utópica, que os têm mantido distanciados de sua real natureza. Em contrapartida, buscarão os potenciais com os quais possam vislumbrar as belezas profundas da vida, criando um maior intercâmbio criatura-Criador.

Uniremos nossos esforços para consolidar essas mudanças em todos os setores de sua movimentação direta, ampliando a utilização da sua inteligência espiritual, reflexo da Inteligência Suprema da Vida, abrindo nuances cada vez mais sensíveis.

Os que agem na precipitada ânsia de usufruir da existência mais do que os outros, criando ações prejudiciais e alimentando uma posição ingrata, por não saberem se contentar e agradecer tudo o que a vida lhes oferta, sentirão a falta dessa dinâmica de desenvolvimento humano-espiritual. A partir dessa perda, valorizarão as oportunidades desperdiçadas e acabarão por beneficiar aqueles que estão começando sua jornada nos campos da razão e dos sentimentos em outro orbe. A cada escolha infeliz, sofrerão o efeito sensibilizador de não fazer aos outros o que não gostariam que fosse feito a si mesmos. Esse é o medicamento às suas patologias indesejáveis, cirurgia hábil às deficiências que lhes perturbam a existência a lhes restituir a saúde.

O pranto e o ranger de dentes são necessários para despertar sensibilidades que ainda não desenvolveram, e é pela perda e pela separação dos seus que entenderão o que é realmente importante.

Após essas experiências, irão deslocar seus valores para os do Reino dos céus e o resto será acrescentado naturalmente, pelo direito que lhes cabe.

Os espíritos da Terra estão sendo chamados a ultrapassar as superficialidades e a se integrar à lei de cooperação e da reciprocidade natural – expressões da Presença Divina em todos os lugares.

Aqueles que hoje são retirados da Terra são como os filhos pródigos que receberam a herança paterna, refletida em sua capacidade de inteligência espiritual e criativa, mas não souberam usá-las como deveriam, para lhes despertar o senso de responsabilidade e cooperação. Até que um dia, cansados do desperdício e da inutilidade das capacidades que lhes foram outorgadas por direito, buscam por sua origem espiritual para retornar à casa do Pai, que Se encontra de braços abertos para acolhê-los onde quer que se encontrem. Quando fizerem o redirecionamento de seus interesses e conjugá-los com os do Pai, criarão seu roteiro de libertação espiritual, resgatando o convívio com aqueles que já acordaram para essa realidade.

Essa última geração de espíritos que será degredada deixará a marca dessas mudanças na história, para que as novas gerações possam saber que eles um dia fizeram parte desse processo de transformações. Quando retornarem do exílio, esses lhes mostrarão o que ontem fizeram para que fossem retirados do orbe, uma vez que não souberam escolher o melhor caminho para ficar aqui.

São como filhos de nossos corações, à feição de crianças que estão se desenvolvendo em direção à maturidade de seus espíritos, e serão acolhidos e educados por outros irmãos, que também lhes amarão como filhos do próprio coração.

Chegamos aos momentos finais desse processo de transição e limpeza, para que o clima do planeta seja mais leve e mais harmonioso.

Se as bem-aventuranças de ontem eram, para os corações inseguros, manifestações da esperança, do encontro com a paz e soluções para suas preocupações e sofrimentos, hoje não estamos mais lhes direcionando para um futuro que não compreendem, pois tudo está muito claro. Naquele tempo, foi necessário lhes mostrar, a partir das decepções e dos enganos, a impermanência de suas ilusões, focadas nos aspectos materiais da existência.

Agora, todos serão os bem-aventurados que se movimentam ligados aos propósitos do Pai e fundamentam sua natureza espiritual agindo conscientemente junto daqueles que lhes comungam o existir.

Já não é para o futuro que voltaremos nossas energias criadoras, e sim para a manifestação do eterno presente onde tudo ocorre, gerando produção na vida.

 O bem é força operante e cada movimento que realizamos precisa refleti-lo como criação divina, em uma fala, um olhar, um sorriso, e na atenção amorosa que encontra verdadeiramente o irmão, num entendimento profundo entre todos.

Essa é a capacidade de nos comunicarmos espírito a espírito, de coração a coração!

CAPÍTULO 22

NOTAS DE REFLEXÃO

Olhando-nos como a perceber as necessidades de entendimento de cada um e registrando as possibilidades de aplicarmos Sua vontade esclarecida, continuou:

– O planeta experimenta o auge de suas aflições na orgulhosa procura de soberania pela força, com uso de armas de destruição, numa miopia separatista com extremos do egoísmo, que faz fechar os olhos aos que necessitam de amparo e apoio educador.

Ao mesmo tempo, vislumbramos entre os irmãos uma maior sensibilidade coletiva, a valorização dos encontros, a diminuição das distâncias íntimas e uma sede cada vez maior de amarem-se uns aos outros.

As ovelhas dos bons sentimentos se separam dos bodes das reações animalizadas, que até agora têm direcionado as escolhas e as ações geradoras de dores e de reflexões para o crescimento![1]

A Terra está passando por um processo de transformação na aplicação de suas forças e recursos, e cada vez mais não poderá lhes atender a fome de suas necessidades superficiais. Esse fato abrirá oportunidades para a sublimação dessas mesmas necessidades, ao buscar recursos de sustentação mais energéticos e sutis, com os quais reaprenderão a se alimentar à feição dos vegetais, que haurem na luz o meio de subsistência de seus corpos, promovendo assim a sutilização deles e diminuindo o peso que os prende ao solo, impedindo-os de volitar. No futuro, não precisarão tanto de aparatos externos para o deslocamento.

---

1 Mateus, 25:31-33 – "E quando o Filho do homem vier em sua glória, e todos os santos anjos com ele, então se assentará no trono da sua glória; e todas as nações serão reunidas diante dele, e apartará uns dos outros, como o pastor aparta dos bodes as ovelhas; e porá as ovelhas à sua direita, mas os bodes à esquerda.".

Aquilo que parecerá falta será o começo para novos campos de pesquisa, exploração e desenvolvimento da sua inteligência espiritual, para que possam encontrar a solução de todos os desafios que até agora se mostram insolúveis e são causa de preocupações e desequilíbrios.

O universo se move numa dinâmica perfeita e os espíritos são a manifestação desse movimento exterior junto à extraordinária força que nasce de Deus, e cada campo dessas movimentações retrata as características emocionais e mentais da coletividade que a sustenta.

Todos os núcleos distanciados da harmonia geral que ainda existem em sua superfície e nos planos inferiores sofrerão mudanças, para que o equilíbrio se faça. Utilizemos das próprias forças atuantes para que ajam entre si, e desse atrito, gerado pela sintonia de interesses e direções, nascerá o esgotamento do desequilíbrio e retornarão à paz.

Cada qual beberá o vinho que produziu, para sentir o gosto daquilo que fomentou, compreendendo a máxima de amar o próximo como a si mesmo, legado esse que lhes deixei para seus aprendizados. Só que agora sentirão esta realidade com os corações, e não mais com os cérebros.

Neste contexto, a ação espiritual exerce influência na existência, a expressar-se como uma comunhão de forças, e através dela as transformações se concretizarão na manifestação do bem, superando a manifestação de qualquer atitude descompromissada do mal, que acabará por lhes receber o auxílio e o atendimento, diante dos efeitos de suas escolhas!

Nações que necessitam das riquezas morais buscarão esses recursos naquelas mais sensíveis e sofridas, oferecendo em troca, naturalmente, as suas conquistas no campo do bem-estar e das soluções materiais, generalizando para ambas as possibilidades de progresso por meio do casamento entre razão e sentimento.

A fecundação do Espírito Santo trouxe aos homens a revelação da sua natureza espiritual, assimilada por eles somente no campo da razão. Agora, essa percepção precisa ser sentida portas a dentro do coração, marcando definitivamente as existências daí para a frente.

Assim, o planeta atingirá o ápice de sua espiritualização. Seja pelas investigações científicas ou pela revelação da espiritualidade, a integração do ser se fará manifesta e compreendida.

O Evangelho, que em sua essência é a manifestação dessas duas vertentes de crescimento dentro da vida, será compreendido pela essência do ser e não mais pelas palavras ou conhecimentos exteriores.

Passos além de suas conquistas científicas e tecnológicas, do bem-estar físico e da comodidade existencial aguardam os homens. Seus anseios de viver devem procurar o encontro consigo mesmos para que haja o despertar espiritual, instaurando o rumo dos céus na própria intimidade, definitivamente.

São chegados os tempos em que seus olhos devem vislumbrar para além da vida terrena, encontrando as maravilhas do universo e buscando seus irmãos de outras moradas para que possam trabalhar juntos pela harmonia, na qual nosso Pai opera constantemente para o bem de todos.

Os seres da Terra não são deserdados da Paternidade espiritual e recebem a oportunidade de fazer parte da família universal, criando elos dentro da vida infinita. Mas, para isso, deverão mudar sua intenção de manter armamentos, abrir mão das separações entre eles, da belicosidade e da visão estreita que criam em torno de si e da vida.

Amplos recursos e capacidades lhes estão reservados, para que possam entrar em contato com infinitas condições vibratórias na multiplicidade da vida, a fim de observar os aspectos da existência que revelam a sabedoria e a ação providencial de Deus.

Nestes novos tempos de bonança espiritual para a Terra, diferentes características existenciais surgirão, e a beleza, a pureza e o equilíbrio terão lugar. Deus criou leis que regem perfeitamente a vida, direcionando o ser para a sua plenitude, e não quer a perda de Seus filhos, mas sim favorecê-los, para que eles mesmos encontrem o melhor caminho para chegar nestas condições.

CAPÍTULO 23

O AMANHÃ
SOB O SOL DO CRISTO

Suas expressões tornaram-se tão iluminadas que Ele perdeu todas as características formais e tornou-Se como um sol a iluminar-nos a todos. E concluiu:

– Falta apenas um ano para que a moratória vença, atingindo a finalidade de dar uma oportunidade aos homens para que não se destruam a si mesmos e nem à sua casa planetária. Agora, se faz necessária uma intervenção mais direta de nossa parte, para produzir no planeta uma regeneração mais equilibrada e feliz. As áreas espirituais onde predominam as características do mal serão limpas, concluindo a ação de retirada dos espíritos que ainda se encontram encarnados e destoam, em muito, dos novos propósitos de paz e concórdia que o planeta elegerá.

Retirando os últimos recalcitrantes no mal e no desequilíbrio e filtrando aqueles que apresentarem predisposição para mudar, esse orbe tomará novos rumos de crescimento, onde todas as dificuldades materiais, desafios existenciais e problemas que até agora existem terão suas soluções, tanto na vida material quanto na espiritual, possibilitando sua espiritualização, transformando suas leis, seus recursos, capacidades e, consequentemente, seus corpos perispirituais e físicos, para que atinjam o clímax do equilíbrio sob a regência do amor.

Nossos irmãos da Terra, meus filhos do coração, poderão sentir a comunhão com o Pai e estabelecer uma nova ligação com essa fonte de nutrição íntima, para não ter mais fome de segurança, saciando a sede de suas carências interiores, enriquecendo a si mesmos de amor, rompendo as barreiras que os separam uns dos outros e, por fim, assumir a posição de autênticos Filhos de Deus no contexto da família universal.

Silenciou-se o Cristo, a irradiar emanações luminosas para todos nós. Tínhamos a certeza de que, a partir daquele encontro, novas diretrizes e acontecimentos surgiriam para o planeta e seus habitantes.

Sua claridade superior fazia-nos chorar de alegria, inundando a todos com amplas vibrações de amor. Como espelhos refletores, passamos a direcionar, em sintonia, aquela grande luz ao planeta, que, recebendo as irradiações nascidas do coração de Jesus e canalizadas por nossos sentimentos mais elevados, se envolvia nos raios de um novo amanhecer, no qual o sol do Cristo direcionava os passos da humanidade terrestre na sua jornada espiritual e material, encaminhando-a para a paz e o amor.

Inaugurava-se, assim, o ciclo de fixação da Regeneração da Terra, para que, daqui a alguns anos, venhamos a transformar esse bendito recanto de nossos aprendizados em um mundo regenerado, rumo à sua expressão de orbe feliz!

Paz a todos os corações!

FICHA TÉCNICA

TÍTULO
A Decisão; Cristos planetários
definem o futuro espiritual da Terra

AUTOR
Espíritos André Luiz e Chico Xavier
Psicografia de Samuel Gomes

EDIÇÃO
1ª

ISBN
978-85-63365-98- 9

CAPA
Lucas William

PROJETO GRÁFICO E DIAGRAMAÇÃO
Lucas William

REVISÃO DA DIAGRAMAÇÃO
Nilma Helena

PREPARAÇÃO DE ORIGINAIS
Maria José e Nilma Helena

REVISÃO ORTOGRÁFICA
Rodrigo Brasil e Nilma Helena

COMPOSIÇÃO
Adobe Indesign CC 2017
(plataforma Windows 7)

PÁGINAS
213

TAMANHO
Miolo: 16 x 23 cm
Capa: 47 x 23 cm

TIPOGRAFIA
Prototype 43 pt
Avenir Regular e *Italic* 12.5 pt
Times New Roman, 9 pt

MARGENS
22 mm; 25 mm; 25 mm; 22 mm
(superior; inferior; interna; externa)

PAPEL
Miolo em Offset 75 g/m²
Capa em Duo Design 250g/m²

CORES
Miolo: 1x1 CMYK
Capa: 4x0 CMYK

ACABAMENTO
Miolo: Brochura, cadernos de 32
páginas, costurados e colados.
Capa: laminação Soft Touch

IMPRESSÃO
Gráfica Viena

TIRAGEM
1500 exemplares

PRODUÇÃO
Julho/2023

NOSSAS PUBLICAÇÕES

www.editoradufaux.com.br

DEPRESSÃO E AUTOCONHECIMENTO - COMO EXTRAIR PRECIOSAS LIÇÕES DESSA DOR

A proposta de tratamento complementar da depressão aqui abordada tem como foco a educação para lidar com nossa dor, que muito antes de ser mental, é moral.

Wanderley Oliveira
16 x 23 cm
235 páginas

FALA, PRETO VELHO

Um roteiro de autoproteção energética através do autoamor. Os textos aqui desenvolvidos permitem construir nossa proteção interior por meio de condutas amorosas e posturas mentais positivas, para criação de um ambiente energético protetor ao redor de nossas vidas.

Wanderley Oliveira | Pai João de Angola
16 x 23 cm
291 páginas

QUAL A MEDIDA DO SEU AMOR?

Propõe revermos nossa forma de amar, pois estamos mais próximos de uma visão particularista do que de uma vivência autêntica desse sentimento. Superar limites, cultivar relações saudáveis e vencer barreiras emocionais são alguns dos exercícios na construção desse novo olhar.

Wanderley Oliveira | Ermance Dufaux
16 x 23 cm
208 páginas

APAIXONE-SE POR VOCÊ

Você já ouviu alguém dizer para outra pessoa: "minha vida é você"?
Enquanto o eixo de sua sustentação psicológica for outra pessoa, a sua vida estará sempre ameaçada, pois o medo da perda vai rondar seus passos a cada minuto.

Wanderley Oliveira
16 x 23 cm
152 páginas

A VERDADE ALÉM DAS APARÊNCIAS - O UNIVERSO INTERIOR

Liberte-se da ansiedade e da angústia, direcionando o seu espírito para o único tempo que realmente importa: o presente. Nele você pode construir um novo olhar, amplo e consciente, que levará você a enxergar a verdade além das aparências.

Samuel Gomes
16 x 23 cm
272 páginas

DESCOMPLIQUE, SEJA LEVE

Um livro de mensagens para apoiar sua caminhada na aquisição de uma vida mais suave e rica de alegrias na convivência.

Wanderley Oliveira
16 x 23 cm
238 páginas

7 CAMINHOS PARA O AUTOAMOR

O tema central dessa obra é o autoamor que, na concepção dos educadores espirituais, tem na autoestima o campo elementar para seu desenvolvimento. O autoamor é algo inato, herança divina, enquanto a autoestima é o serviço laborioso e paciente de resgatar essa força interior, ao longo do caminho de volta à casa do Pai.

Wanderley Oliveira | Pai João de Angola
16 x 23 cm
272 páginas

A REDENÇÃO DE UM EXILADO

A obra traz informações sobre a formação da civilização, nos primórdios da Terra, que contou com a ajuda do exílio de milhões de espíritos mandados para cá para conquistar sua recuperação moral e auxiliar no desenvolvimento das raças e da civilização. É uma narrativa do Apóstolo Lucas, que foi um desses enviados, e que venceu suas dificuldades íntimas para seguir no trabalho orientado pelo Cristo.

Samuel Gomes | Lucas
16 x 23 cm
368 páginas

AMOROSIDADE - A CURA DA FERIDA DO ABANDONO

Uma das mais conhecidas prisões emocionais na atualidade é a dor do abandono, a sensação de desamparo. Essa lesão na alma responde por larga soma de aflições em todos os continentes do mundo. Não há quem não esteja carente de ser protegido e acolhido, amado e incentivado nas lutas de cada dia.

Wanderley Oliveira | Ermance Dufaux
16 x 23 cm
300 páginas

MEDIUNIDADE - A CURA DA FERIDA DA FRAGILIDADE

Ermance Dufaux vem tratando sobre as feridas evolutivas da humanidade. A ferida da fragilidade é um dos traços mais marcantes dos aprendizes da escola terrena. Uma acentuada desconexão com o patrimônio da fé e do autoamor, os verdadeiros poderes da alma.

Wanderley Oliveira | Ermance Dufaux
16 x 23 cm
235 páginas
e-book

CONECTE-SE A VOCÊ - O ENCONTRO DE UMA NOVA MENTALIDADE QUE TRANSFORMARÁ A SUA VIDA

Este livro vai te estimular na busca de quem você é verdadeiramente. Com leitura de fácil assimilação, ele é uma viagem a um país desconhecido que, pouco a pouco, revela características e peculiaridades que o ajudarão a encontrar novos caminhos. Para esta viagem, você deve estar conectado a sua essência. A partir daí, tudo que você fizer o levará ao encontro do propósito que Deus estabeleceu para sua vida espiritual.

Rodrigo Ferretti
16 x 23 cm
256 páginas

e-book

APOCALIPSE SEGUNDO A ESPIRITUALIDADE - O DESPERTAR DE UMA NOVA CONSCIÊNCIA

Num curso realizado em uma colônia do plano espiritual, o livro Apocalipse, de João Evangelista, é estudado de forma dinâmica e de fácil entendimento, desvendando a simbologia das figuras místicas sob o enfoque do autoconhecimento.

Samuel Gomes
16 x 23 cm
313 páginas
e-book

VIDAS PASSADAS E HOMOSSEXUALIDADE - CAMINHOS QUE LEVAM À HARMONIA

"Vidas Passadas e Homossexualidade" é, antes de tudo, um livro sobre o autoconhecimento. E, mais que uma obra que trada do uso prático da Terapia de Regressão às Vidas Passadas . Em um conjunto de casos, ricamente descritos, o leitor poderá compreender a relação de sua atual encarnação com aquelas que ele viveu em vidas passadas. O obra mostra que absolutamente tudo está interligado. Se o leitor não encontra respostas sobre as suas buscas psicológicas nesta vida, ele as encontrará conhecendo suas vidas passadas.
Samuel Gomes

Dra. Solange Cigagna
16 x 23 cm
364 páginas
e-book

SÉRIE CONSCIÊNCIA DESPERTA

SAIA DO CONTROLE - UM DIÁLOGO TERAPEUTICO E LIBERTADOR ENTRE A MENTE E A CONSCIÊNCIA

Agimos de forma instintiva por não saber observar os pensamentos e emoções que direcionam nossas ações de forma condicionada. Por meio de uma observação atenta e consciente, identificando o domínio da mente em nossas vidas, passamos a viver conscientes das forças internas que nos regem.

Rossano Sobrinho
16 x 23 cm
268 páginas

SÉRIE CULTO NO LAR

VIBRAÇÕES DE PAZ EM FAMÍLIA

Quando a família se reune para orar, ou mesmo um de seus componetes, o ambiente do lar melhora muito. As preces são emissões poderosas de energia que promovem a iluminação interior. A oração em família traz paz e fortalece, protege e ampara a cada um que se prepara para a jornada terrena rumo à superação de todos os desafios.

Wanderley Oliveira | Ermance Dufaux
16 x 23 cm
212 páginas

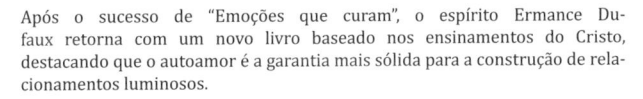

JESUS - A INSPIRAÇÃO DAS RELAÇÕES LUMINOSAS

Após o sucesso de "Emoções que curam", o espírito Ermance Dufaux retorna com um novo livro baseado nos ensinamentos do Cristo, destacando que o autoamor é a garantia mais sólida para a construção de relacionamentos luminosos.

Wanderley Oliveira | Ermance Dufaux
16 x 23 cm
304 páginas

REGENERAÇÃO - EM HARMONIA COM O PAI

Nos dias em que a Terra passa por transformações fundamentais, ampliando suas condições na direção de se tornar um mundo regenerado, é necessário desenvolvermos uma harmonia inabalável para aproveitar as lições que esses dias nos proporcionam por meio das nossas decisões e das nossas escolhas, [...].

Samuel Gomes | Diversos Espíritos
16 x 23 cm
223 páginas

PRECES ESPÍRITAS

Porque e como orar?
O modo como oramos influi no resultado de nossas preces?
Existe um jeito certo de fazer a oração?
Allan Kardec nos afirma que *"não há fórmula absoluta para a prece"*, mas o próprio Evangelho nos orienta que *"quando oramos, devemos entrar no nosso aposento interno do coração e, fechando a porta, busquemos Deus que habita em nós; e Ele, que vê nossa mais secreta realidade espiritual, nos amparará em todas as necessidades. Ao orarmos, evitemos as repetições de orações realizadas da boca para fora, como muitos que pensam que por muito falarem serão ouvidos. Oremos a Deus em espírito e verdade porque nosso Pai sabe o que nos é necessário, antes mesmo de pedirmos "*. (Mateus 6:5 a 8)

Allan Kardec
16 x 23 cm
145 páginas

O EVANGELHO SEGUNDO O ESPIRITISMO

O Evangelho de Jesus Cristo foi levado ao mundo por meio de seus discípulos, logo após o desencarne do Mestre na cruz. Mas o Evangelho de Cristo foi, muitas vezes, alterado e deturpado através de inúmeras edições e traduções do chamado Novo Testamento. Agora, a Doutrina Espírita, por meio de um trabalho sob a óptica dos espíritos e de Allan Kardec, vem jogar luz sobre a verdadeira face de Cristo e seus ensinamentos de perdão, caridade e amor.

Allan Kardec
16 x 23 cm
431 páginas

 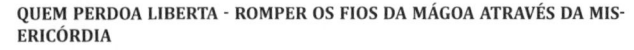

SÉRIE DESAFIOS DA CONVIVÊNCIA

QUEM SABE PODE MUITO. QUEM AMA PODE MAIS

A lição central desta obra é mostrar que o conhecimento nem sempre é suficiente para garantir a presença do amor nas relações. "Estar informado é a primeira etapa. Ser transformado é a etapa da maioridade." - Eurípedes Barsanulfo.

Wanderley Oliveira | José Mário
16 x 23 cm
312 páginas

QUEM PERDOA LIBERTA - ROMPER OS FIOS DA MÁGOA ATRAVÉS DA MISERICÓRDIA

Continuação do livro "QUEM SABE PODE MUITO. QUEM AMA PODE MAIS" dando sequência à trilogia "Desafios da Convivência".

Wanderley Oliveira | José Mário
16 x 23 cm
320 páginas

SERVIDORES DA LUZ NA TRANSIÇÃO PLANETÁRIA

Nesta obra recebemos o convite para nos integrar nas fileiras dos Servidores da Luz, atuando de forma consciente diante dos desafios da transição planetária. Brilhante fechamento da trilogia.

Wanderley Oliveira | José Mário
14x21 cm
298 páginas

SÉRIE ESPÍRITOS DO BEM

GUARDIÕES DO CARMA - A MISSÃO DOS EXUS NA TERRA

Pai João de Angola quebra com o preconceito criado em torno dos exus e mostra que a missão deles na Terra vai além do que conhecemos. Na verdade, eles atuam como guardiões do carma, nos ajudando nos principais aspectos de nossas vidas.

Wanderley Oliveira | Pai João de Angola
16 x 23 cm
288 páginas

GUARDIÃS DO AMOR - A MISSÃO DAS POMBAGIRAS NA TERRA

"São um exemplo de amor incondicional e de grandeza da alma. São mães dos deserdados e angustiados. São educadoras e desenvolvedoras do sagrado feminino, e nesse aspecto são capazes de ampliar, nos homens e nas mulheres, muitas conquistas que abrem portas para um mundo mais humanizado, [...]".

Wanderley Oliveira | Pai João de Angola
16 x 23 cm
232 páginas

GUARDIÕES DA VERDADE - NADA FICARÁ OCULTO

Neste momento de batalhas decisivas rumo aos tempos da regeneração, esta obra é um alerta que destaca a importância da autenticidade nas relações humanas e da conduta ética como bases para uma forma transparente de viver. A partir de agora, nada ficará oculto, pois a Verdade é o único caminho que aguarda a humanidade para diluir o mal e se estabelecer na realidade que rege o universo.

Wanderley Oliveira | Pai João de Angola
16 x 23 cm
236 páginas

SÉRIE ESTUDOS DOUTRINÁRIOS

ATITUDE DE AMOR

Opúsculo contendo a palestra "Atitude de Amor" de Bezerra de Menezes, o debate com Eurípedes Barsanulfo sobre o período da maioridade do Espiritismo e as orientações sobre o "movimento atitude de amor". Por uma efetiva renovação pela educação moral.

Wanderley Oliveira | Ermance Dufaux e Cícero Pereira
14 x 21 cm
94 páginas
ebook

SEARA BENDITA

Um convite à reflexão sobre a urgência de novas posturas e conceitos. As mudanças a adotar em favor da construção de um movimento social capaz de cooperar com eficácia na espiritualização da humanidade.

Wanderley Oliveira e Maria José Costa | Diversos Espíritos
14 x 21 cm
284 páginas

Gratuito em nosso site, somente em:
ebook

NOTÍCIAS DE CHICO

"Nesta obra, Chico Xavier afirma com seu otimismo natural que a Terra caminha para uma regeneração de acordo com os projetos de Jesus, a caracterizar-se pela tolerância humana recíproca e que precisamos fazer a nossa parte no concerto projetado pelo Orientador Maior, principalmente porque ainda não assumimos responsabilidades mais expressivas na sustentação das propostas elevadas que dizem respeito ao futuro do nosso planeta."

Samuel Gomes | Chico Xavier
16 x 23 cm
181 páginas
ebook

 ### SÉRIE FAMÍLIA E ESPIRITUALIDADE

UM JOVEM OBSESSOR - A FORÇA DO AMOR NA REDENÇÃO ESPIRITUAL

Um jovem conta sua história, compartilhando seus problemas após a morte, falando sobre relacionamentos, sexo, drogas e, sobretudo, da força do amor na redenção espiritual.

Adriana Machado | Jefferson
16 x 23 cm
392 páginas
ebook

UM JOVEM MÉDIUM - CORAGEM E SUPERAÇÃO PELA FORÇA DA FÉ

A mediunidade é um canal de acesso às questões de vidas passadas que ainda precisam ser resolvidas. O livro conta a história do jovem Alexandre que, com sua mediunidade, se torna o intermediário entre as histórias de vidas passadas daqueles que o rodeiam tanto no plano físico quanto no plano espiritual. Surpresos com o dom mediúnico do menino, os pais, de formação Católica, se veem às voltas com as questões espirituais que o filho querido traz para o seio da família.

Adriana Machado | Ezequiel
16 x 23 cm
365 páginas

e·book

RECONSTRUA SUA FAMÍLIA - CONSIDERAÇÕES PARA O PÓS-PANDEMIA

Vivemos dias de definição, onde nada mais será como antes. Necessário redefinir e ampliar o conceito de família. Isso pode evitar muitos conflitos nas interações pessoais. O autoconhecimento seguido de reforma íntima será o único caminho para transformação do ser humano, das famílias, das sociedades e da humanidade.

Dr. Américo Canhoto
16 x 23 cm
237 páginas

e·book

SÉRIE HARMONIA INTERIOR

LAÇOS DE AFETO - CAMINHOS DO AMOR NA CONVIVÊNCIA

Uma abordagem sobre a importância do afeto em nossos relacionamentos para o crescimento espiritual. São textos baseados no dia a dia de nossas experiências. Um estímulo ao aprendizado mais proveitoso e harmonioso na convivência humana.

Wanderley Oliveira | Ermance Dufaux
16 x 23 cm
312 páginas

e·book   **ESPANHOL**

MEREÇA SER FELIZ - SUPERANDO AS ILUSÕES DO ORGULHO

Um estudo psicológico sobre o orgulho e sua influência em nossa caminhada espiritual. Ermance Dufaux considera essa doença moral como um dos mais fortes obstáculos à nossa felicidade, porque nos leva à ilusão.

Wanderley Oliveira | Ermance Dufaux
16 x 23 cm
296 páginas

e·book   **ESPANHOL**

REFORMA ÍNTIMA SEM MARTÍRIO - AUTOTRANSFORMAÇÃO COM LEVEZA E ESPERANÇA

As ações em favor do aperfeiçoamento espiritual dependem de uma relação pacífica com nossas imperfeições. Como gerenciar a vida íntima sem adicionar o sofrimento e sem entrar em conflito consigo mesmo?

Wanderley Oliveira | Ermance Dufaux
16 x 23 cm
288 páginas

 ESPANHOL INGLÊS

PRAZER DE VIVER - CONQUISTA DE QUEM CULTIVA A FÉ E A ESPERANÇA

Neste livro, Ermance Dufaux, com seus ensinos, nos auxilia a pensar caminhos para alcançar nossas metas existenciais, a fim de que as nossas reencarnações sejam melhor vividas e aproveitadas.

Wanderley Oliveira | Ermance Dufaux
16 x 23 cm
248 páginas

ESCUTANDO SENTIMENTOS - A ATITUDE DE AMAR-NOS COMO MERECEMOS

Ermance afirma que temos dado passos importantes no amor ao próximo, mas nem sempre sabemos como cuidar de nós, tratando-nos com culpas, medos e outros sentimentos que não colaboram para nossa felicidade.

Wanderley Oliveira | Ermance Dufaux
16 x 23 cm
256 páginas

 ESPANHOL

DIFERENÇAS NÃO SÃO DEFEITOS - A RIQUEZA DA DIVERSIDADE NAS RELAÇÕES HUMANAS

Ninguém será exatamente como gostaríamos que fosse. Quando aprendemos a conviver bem com os diferentes e suas diferenças, a vida fica bem mais leve. Aprenda esse grande SEGREDO e conquiste sua liberdade pessoal.

Wanderley Oliveira | Ermance Dufaux
16 x 23 cm
248 páginas

EMOÇÕES QUE CURAM - CULPA, RAIVA E MEDO COMO FORÇAS DE LIBERTAÇÃO

Um convite para aceitarmos as emoções como forma terapêutica de viver, sintonizando o pensamento com a realidade e com o desenvolvimento da autoaceitação.

Wanderley Oliveira | Ermance Dufaux
16 x 23 cm
272 páginas

 SÉRIE **REFLEXÕES DIÁRIAS**

PARA SENTIR DEUS

Nos momentos atuais da humanidade sentimos extrema necessidade da presença de Deus. Ermance Dufaux resgata, para cada um, múltiplas formas de contato com Ele, de como senti-Lo em nossas vidas, nas circunstâncias que nos cercam e nos semelhantes que dividem conosco a jornada reencarnatória. Ver, ouvir e sentir Deus em tudo e em todos.

Wanderley Oliveira | Ermance Dufaux
11 x 15,5 cm
133 páginas
Somente

LIÇÕES PARA O AUTOAMOR

Mensagens de estímulo na conquista do perdão, da aceitação e do amor a si mesmo. Um convite à maravilhosa jornada do autoconhecimento que nos conduzirá a tomar posse de nossa herança divina.

Wanderley Oliveira | Ermance Dufaux
11 x 15,5 cm
128 páginas

Somente

RECEITAS PARA A ALMA

Mensagens de conforto e esperança, com pequenos lembretes sobre a aplicação do Evangelho para o dia a dia. Um conjunto de propostas que se constituem em verdadeiros remédios para nossas almas.

Wanderley Oliveira | Ermance Dufaux
11 x 15,5 cm
146 páginas

Somente

FUTURO ESPIRITUAL DA TERRA

As necessidades, as estruturas perispirituais e neuropsíquicas, o trabalho, o tempo, as características sociais e os próprios recursos de natureza material se tornarão bem mais sutis. O futuro já está em construção e André Luiz, através da psicografia de Samuel Gomes, conta como será o Futuro Espiritual da Terra.

Samuel Gomes | André Luiz
16 x 23 cm
344 páginas

XEQUE-MATE NAS SOMBRAS - A VITÓRIA DA LUZ

André Luiz traz notícias das atividades que as colônias espirituais, ao redor da Terra, estão realizando para resgatar os espíritos que se encontram perdidos nas trevas e conduzi-los a passar por um filtro de valores, seja para receberem recursos visando a melhorar suas qualidades morais – se tiverem condições de continuar no orbe – seja para encaminhá-los ao degredo planetário.

Samuel Gomes | André Luiz
16 x 23 cm
212 páginas

A DECISÃO - CRISTOS PLANETÁRIOS DEFINEM O FUTURO ESPIRITUAL DA TERRA

"Os Cristos Planetários do Sistema Solar e de outros sistemas se encontram para decidir sobre o futuro da Terra na sua fase de regeneração. Numa reunião que pode ser considerada, na atualidade, uma das mais importantes para a humanidade terrestre, Jesus faz um pronunciamento direto sobre as diretrizes estabelecidas por Ele para este período."

Samuel Gomes | André Luiz e Chico Xavier
16 x 23 cm
210 páginas

OS DRAGÕES - O DIAMANTE NO LODO NÃO DEIXA DE SER DIAMANTE

Um relato leve e comovente sobre nossos vínculos com os grupos de espíritos que integram as organizações do mal no submundo astral.

Wanderley Oliveira | Maria Modesto Cravo
16 x 23cm
522 páginas

LÍRIOS DE ESPERANÇA

Ermance Dufaux alerta os espíritas e lidadores do bem de um modo geral, para as responsabilidades urgentes da renovação interior e da prática do amor neste momento de transição evolutiva, através de novos modelos de relação, como orientam os benfeitores espirituais.

Wanderley Oliveira | Ermance Dufaux
16 x 23 cm
508 páginas

AMOR ALÉM DE TUDO

Regras para seguir e rótulos para sustentar. Até quando viveremos sob o peso dessas ilusões? Nessa obra reveladora, Dr. Inácio Ferreira nos convida a conhecer a verdade acima das aparências. Um novo caminho para aqueles que buscam respeito às diferenças e o AMOR ALÉM DE TUDO.

Wanderley Oliveira | Inácio Ferreira
16 x 23 cm
252 páginas

ABRAÇO DE PAI JOÃO

Pai João de Angola retorna com conceitos simples e práticos, sobre os problemas gerados pela carência afetiva. Um romance com casos repletos de lutas, desafios e superações. Esperança para que permaneçamos no processo de resgate das potências divinas de nosso espírito.

Wanderley Oliveira | Pai João de Angola
16 x 23 cm
224 páginas

UM ENCONTRO COM PAI JOÃO

A obra também fala do valor de uma terapia, da necessidade do autoconhecimento, dos tipos de casamentos programados antes do reencarne, dos processos obsessivos de variados graus e do amparo de Deus para nossas vidas por meio dos amigos espirituais e seus trabalhadores encarnados. Narra também em detalhes a dinâmica das atividades socorristas do centro espírita.

Wanderley Oliveira | Pai João de Angola
16 x 23 cm
220 páginas

O LADO OCULTO DA TRANSIÇÃO PLANETÁRIA

O espírito Maria Modesto Cravo aborda os bastidores da transição planetária com casos conectados ao astral da Terra.

Wanderley Oliveira | Maria Modesto Cravo
16 x 23 cm
288 páginas

ebook

PERDÃO - A CHAVE PARA A LIBERDADE

Neste romance revelador, conhecemos Onofre, um pai que enfrenta a perda de seu único filho com apenas oito anos de idade. Diante do luto e diversas frustrações, um processo desafiador de autoconhecimento o convida a enxergar a vida com um novo olhar. Será essa a chave para a sua libertação?

Adriana Machado | Ezequiel
14 x 21 cm
288 páginas

ebook

1/3 DA VIDA - ENQUANTO O CORPO DORME A ALMA DESPERTA

A atividade noturna fora da matéria representa um terço da vida no corpo físico, e é considerada por nós como o período mais rico em espiritualidade, oportunidade e esperança.

Wanderley Oliveira | Ermance Dufaux
16 x 23 cm
279 páginas

ebook

NEM TUDO É CARMA, MAS TUDO É ESCOLHA

Somos todos agentes ativos das experiências que vivenciamos e não há injustiças ou acasos em cada um dos aprendizados.

Adriana Machado | Ezequiel
16 x 23 cm
536 páginas

ebook

RETRATOS DA VIDA - AS CONSEQUÊNCIAS DO DESCOMPROMETIMENTO AFETIVO

Túlio costumava abstrair-se da realidade, sempre se imaginando pintando um quadro; mais especificamente pintando o rosto de uma mulher.
Vivendo com Dora um casamento já frio e distante, uma terrível e insuportável dor se abate sobre sua vida. A dor era tanta que Túlio precisou buscar dentro de sua alma uma resposta para todas as suas angústias..

Clotilde Fascioni
16 x 23 cm
175 páginas

ebook

O PREÇO DE UM PERDÃO - AS VIDAS DE DANIEL

Daniel se apaixona perdidamente e, por várias vidas, é capaz de fazer qualquer coisa para alcançar o objetivo de concretizar o seu amor. Mas suas atitudes, por mais verdadeiras que sejam, o afastam cada vez mais desse objetivo. É quando a vida o para.

André Figueiredo e Fernanda Sicuro | Espírito Bruno
16 x 23 cm
333 páginas

Dufaux
e d i t o r a

LIVROS QUE TRANSFORMAM VIDAS!

Acompanhe nossas redes sociais

(lançamentos, conteúdos e promoções)

▣ @editoradufaux

▣ facebook.com/EditoraDufaux

▣ youtube.com/user/EditoraDufaux

Conheça nosso catálogo e mais sobre nossa editora. Acesse os nossos sites

Loja Virtual

⊗ www.dufaux.com.br

eBooks, conteúdos gratuitos e muito mais

⊗ www.editoradufaux.com.br

Entre em contato com a gente.

Use os nossos canais de atendimento

▣ (31) 99193-2230

▣ (31) 3347-1531

⊗ www.dufaux.com.br/contato

▣ sac@editoradufaux.com.br

▣ Rua Contria, 759 | Alto Barroca | CEP 30431-028 | Belo Horizonte | MG